editionblaes

Simon Lemp

Der fantastische Ort

Eine Reise zu deiner
ureigenen Bestimmung

editionblaes

»Geschaffen hast du uns auf dich hin, o Herr,
und unruhig ist unser Herz, bis es Ruhe findet in dir.«
Augustinus (Bekenntnisse 1,1)

Erster Teil

Kapitel 1

Es war einmal ein Junge, der wuchs auf in einem kleinen Dorf hoch oben in den Bergen, das abgelegen und am Rande der Welt lag. Die Nächte dort waren lang und die Tage kurz. Die Sonne ließ sich nur selten blicken und Wolken regierten den Himmel.

Der Junge hatte zwei ältere Schwestern. Die eine hatte den Sohn des Schmieds von nebenan geheiratet, der auch Schmied war, und wohnte zwei Häuser weiter die Straße hinab, die einzige Straße, die es in dem Dorf gab.

Die andere Schwester war verlobt mit einem jungen Mann aus dem Nachbardorf, dem einzigen Nachbardorf, das es in der ganzen Gegend gab.

Der junge Mann war Bauer und hatte ein Haus an der einzigen Straße, die dieses Nachbardorf hatte, die deshalb auch die Straße des Jungen war.

Die Eltern des Jungen waren ebenfalls Bauern. Sie hatten mehrere Kühe, Schweine, Schafe und einen Esel, den einzigen Esel, den es in der ganzen Gegend gab.

Oft wunderten sich die Leute, wie die Eltern zu einem »Esel« gekommen waren, so nannten sie dieses störrische und scheinbar einfältige Wesen. Und immer, wenn sie nachfragten, erzählten ihnen die Eltern die Geschichte von dem rätselhaften Fremden, der mit seinem Esel die Straße entlanggekommen war.

Es war in einer dieser stürmischen Nächte gewesen, in der sich die meisten Menschen im Schlaf wälzen und nicht zur Ruhe kommen, geplagt von Albträumen und Sorgen und Zukunftsängsten. Nächte, wie es sie häufig gab, in den Dörfern am Rande der Welt.

In so einer Nacht hatte es plötzlich an der Tür geklopft. Und als die Eltern geöffnet hatten, stand der Fremde vor der Tür. Er hatte ein freundliches Lächeln und gütige leuchtende Augen, wie es nur selten vorkam und recht ungewöhnlich war, in den Dörfern am Rande der Welt.

Dieser Fremde stand also in besagter stürmischer Nacht vor der Tür und bat um Obdach und sie hatten es ihm gerne gewährt, wie sie es jedem gerne gewährten, der aus dem Nachbardorf abends nicht mehr nachhause kam.

Und als sie dann so beisammensaßen und sich unterhielten, der Fremde und sie, lange und ausgiebig, und der Fremde von einem fantastischen Ort erzählte, weit entfernt, ganz im Süden, voller unglaublicher und märchenhafter Dinge, da legte sich auf einmal der Sturm, die Sonne ging auf, die Wolken verzogen sich und es brach ein neuer wunderschöner Tag an, ein ganz außergewöhnlicher Tag, wie es noch keinen gegeben hatte in den Dörfern am Rande der Welt. Und so gingen die Eltern und der Fremde irgendwann morgens zu Bett, müde von der durchwachten Nacht, froh und sorglos und voller Hoffnung. Als die Eltern wieder erwachten, die Sonne hatte schon ihren Zenit überschritten, da war der Fremde fort. Er hatte sein Bett gemacht und nichts zurückgelassen. Nichts außer dem Esel, der im Stall angebunden gestanden hatte.

Und das war also die Geschichte, wie die Eltern zu ihrem Esel gekommen waren. Leider wusste der Bauer nicht so genau, was er mit dem Esel anfangen sollte. Zuerst versuchte er ihn zu melken, was dem Esel überhaupt nicht gefiel. Dann versuchte er ihn zu scheren, auch das ging nicht wirklich gut. Also ließ er ihn einfach mit den Schafen grasen und beschäftigte sich nicht weiter mit ihm.

Dem Jungen allerdings ging der Fremde nicht mehr aus dem Kopf und immer, wenn er den Esel sah, musste er wieder über ihn nachdenken. Konnte es tatsächlich wahr sein, was der Fremde erzählt hatte? Gab es diesen Ort wirklich? Und all die fantastischen und unglaublichen Dinge? Gütige Augen hatte der Fremde gehabt, und wie sie leuchteten! Und hatte jemals irgendwer so einen außergewöhnlichen und wunderschönen Tag erlebt, wie den Tag, an dem der Fremde in das Dorf gekommen war?

Weil ihn diese Gedanken nicht mehr losließen, ging er immer öfter raus zu dem Esel, dem einzigen, was von dem Fremden geblieben war, und beobachtete und streichelte ihn. Und mit der Zeit wurden der Junge und der Esel Freunde. Bald schon verbrachten sie jeden Tag miteinander, sprangen über Wiesen und Felder. Für den Jungen öffnete sich dabei eine ganz neue Welt und seine Faszination für den fantastischen Ort nahm immer mehr zu.

Als sie wieder einmal gemeinsam unterwegs waren, sie liefen gerade durch den Wald am Rande des Dorfes, da stolperte der Junge über eine Wurzel, die aus der Erde herausragte, und verstauchte sich den Knöchel und konnte nicht mehr laufen. Er war sehr verzweifelt, da er nicht wusste, wie er jetzt nachhause kommen sollte. In seiner Verzweiflung sprach er dem Esel gut zu und kletterte dann etwas unbeholfen auf seinen Rücken, in der Hoffnung, er könne ihn tragen. Der Esel blieb ruhig stehen und als der Junge auf ihm saß, trottete er mühelos und zielsicher nachhause.

Der Junge war begeistert. Von diesem Tag an ritt er oft auf dem Esel in den Wald, immer schneller ritten sie und immer größer wurden ihre Runden. Bis sie eines Tages am Ende der Straße ankamen.

Kapitel 2

Sie hatten das Nachbardorf in vollem Galopp passiert und waren immer weiter geritten, ohne sich umzusehen. Nun standen sie vor einem dunklen Wald, viel dichter als der Wald am Rande seines Dorfes. Nur ein schmaler Pfad führte zwischen den Bäumen hindurch.

Der Junge erschrak. So weit war er noch nie von zuhause fort gewesen. Aber noch ehe er sich versah, lief der Esel weiter und schon waren sie mittendrin im Wald und folgten dem gewundenen Pfad bergab.

Der Junge versuchte, den Esel zur Umkehr zu bewegen, aber aus irgendeinem Grund hatte dieser seine Störrigkeit wiedererlangt und trabte zielstrebig weiter.

Es mussten einige Stunden vergangen sein, da standen sie plötzlich an einem Flussufer. Der Fluss war so breit, dass der Junge auf der anderen Seite nur schemenhafte Umrisse erkennen konnte, und eine Brücke war weit und breit nicht in Sicht. Dann müssen wir jetzt wohl umdrehen, dachte er, fast schon erleichtert.

Aber der Esel bog einfach nach links ab und folgte dem Flusslauf für einige Kilometer, bevor er, fast etwas zu unvermittelt, einen Haken schlug und das Flussufer hinab trabte.

Der Junge hielt sich an der Mähne des Esels fest, der genau zu wissen schien, was er tat. Und tatsächlich waren sie an einer Furt angekommen, an der das Wasser nur knietief war und man den Fluss ohne große Mühe überqueren konnte.

Als der Esel im Wasser langsamer wurde, schaffte es der Junge endlich, abzuspringen. »Was hast du getan?«, rief er, »ich wollte nie von zuhause weg! Ich will wieder zurück!«

Der Esel machte keine Anstalten umzudrehen. Er beäugte den Jungen mit seinen großen schwarzen Augen. Dann stupste er ihn behutsam in Richtung des anderen Ufers.

»Nein!«, sagte der Junge, »ich will nicht!«

Doch tief in seinem Innern wusste er, dass das nicht stimmte, dass er es eigentlich doch wollte, so sehr er auch Angst hatte. War es nicht genau das, weswegen er sich mit dem Esel angefreundet hatte? Die Faszination der Fremde und die Sehnsucht nach fantastischen Dingen und Orten? Das Gefühl, dass es doch mehr geben musste, da draußen, als sein Dorf mit nur einer Straße und wenigen Sonnenstunden? Er wollte das sehen, was der Esel gesehen und wovon der Fremde erzählt hatte. Ja, das wollte er!

Er schaute an sich hinunter. Wenigstens war er einigermaßen gut ausgerüstet. Er hatte seine besten Schuhe an, eine dicke Jacke, sogar eine Mütze hatte er, warum auch immer, in seinen Rucksack gesteckt. Außerdem Proviant für einen Tag und seine Steinschleuder, mit der er immer die kleinen Vögel vertrieb, wenn sie sich an den Apfelbäumen zu schaffen machten. Er verstaute wieder alles in seinem Rucksack, stieg auf den Esel und sie überquerten den Fluss. Jetzt erst nahm er wahr, dass seine Schuhe und seine Hose ganz nass waren. Vielleicht war es nicht die beste Idee gewesen, mitten im Fluss abzusteigen, dachte er bei sich. Ihm war kalt und er fröstelte.

Aber auf der anderen Seite angekommen, fanden sie schnell eine Lichtung und der Junge besorgte Holz, um ein Feuer zu machen. Schon bald war es wohlig warm und er trocknete seine Schuhe am

Feuer. Dann nahm er sein Brot, teilte es mit dem Esel und beide aßen, den Geräuschen des Waldes lauschend. So schliefen sie ein, eng aneinander gekuschelt vor dem warmen Feuer.

Kapitel 3

Es war schon Mittag, als sie erwachten. Das Feuer war erloschen und ihre Glieder waren etwas steif, aber ansonsten hatten sie gut geschlafen. Der Junge packte seine Sachen zusammen, aß gemeinsam mit dem Esel die Reste des Proviants auf, dann setzten sie ihren Weg fort, immer entlang des Flussufers, bis sie an eine Straße kamen.

Dem Jungen war etwas mulmig zumute. Er kannte ja nur die eine Straße und jetzt stellte er fest, dass es noch eine zweite gab. Und wo es eine Straße gab, da gab es auch jemanden, der diese Straße gebaut hatte. Außerdem führte sie weg vom Fluss, noch weiter hinein in die dunklen Wälder. Aber er ließ sich seine Furcht nicht anmerken und der Esel trabte weiter, als ob er den Weg ganz genau kennen würde. So folgten sie den restlichen Tag dieser Straße, ohne jemandem zu begegnen, Stunde um Stunde, immer tiefer hinein in diesen undurchdringlichen und finsteren Wald mit seinen hohen Tannen und dem dichten Unterholz. Der Tag ging zur Neige und noch immer war kein Ende in Sicht.

Langsam, aber sicher hatten sie ziemlichen Hunger und da ihr Proviant aufgebraucht war, mussten sie sich was einfallen lassen. Leider hatte der Junge keine Ahnung von wilden Kräutern und Waldfrüchten und somit auch keine Möglichkeit, hier im Wald lange zu überleben. Da wurde ihm auf einen Schlag bewusst, wie naiv es gewesen war, einfach loszuziehen, ohne sich auf diese Reise angemessen vorzubereiten. Weder kannte er das Ziel noch den

Weg und Geld für Verpflegung und Unterkunft hatten sie auch nicht. Das Einzige, was er hatte, war dieser Esel mit seiner verdammten Sturheit!

Panik ergriff ihn. Wäre er doch nur zuhause geblieben, dann würde er jetzt am Küchentisch sitzen und seine Mutter würde ihn königlich bedienen. In ihm stieg Wut auf und wurde mit jedem weiteren Schritt mehr und mehr zur Bitterkeit. Hatte er dem Esel nicht klargemacht, dass er zurück wollte und kein Interesse hatte an dieser Reise? Aber der hatte ihn gedrängt weiterzugehen und er war so dumm gewesen, sich darauf einzulassen und ihm zu folgen!

»Es ist alles deine Schuld«, schimpfte er den Esel, »wenn du nicht gewesen wärst, dann hätte ich jetzt ein ruhiges und bequemes Leben.« Sein Magen knurrte und vor Hunger konnte er keinen klaren Gedanken mehr fassen.

Aber der Esel trottete einfach weiter, die Augen auf den Weg gerichtet, als hätte er nichts gehört.

Vielleicht versteht er ja wirklich nichts von dem, was ich sage, dachte der Junge bei sich, wer redet schon mit einem Esel?!

Da spitzte der Esel die Ohren, als ob er etwas hörte, und tatsächlich trat unvermittelt und wie gerufen ein Mann aus dem Wald. Es war ein Trüffeljäger, eine dieser Gestalten, die, wie Schatzsucher, nach den versteckt unter der Erde wachsenden, kostbarsten aller Pilze suchen. Er hatte eine große Trüffel in der Hand und grüßte die Reisenden freudig, so als ob er schon den ganzen Tag hier gestanden und nur auf sie gewartet hätte.

»Hast du Hunger?«, fragte er den Jungen ohne Umschweife.

Der nickte. Und was für einen Hunger er hatte! Vor lauter Hunger hatte er sogar vergessen, sich vor dem Jäger zu fürchten, wie es eigentlich normal gewesen wäre für einen Jungen, der noch nie jemanden außerhalb seiner kleinen Welt angetroffen hatte.

Sie folgten dem Trüffeljäger einige hundert Meter in den Wald hinein. An einem geschützten Platz war ein großes Pferd angebunden. Daneben stand ein sehr dickes geflecktes Trüffelschwein, das gerade genüsslich einige Wurzeln verspeiste.

Der Junge half dem Jäger, Holz für ein Feuer aufzuschichten und bald schon genossen sie die Trüffeln und andere Delikatessen, die der Jäger im Wald gesammelt hatte.

»Was suchst du hier?«, fragte der Jäger, während er mit sichtlichem Appetit kaute.

»Ich suche nichts«, antwortete der Junge, etwas überrumpelt von der Frage.

»Jeder, der hier vorbeikommt, sucht etwas.«

»Na ja«, zögerte der Junge, »zumindest habe ich noch keine genaue Vorstellung von dem, was ich suche.«

»Auch das geht jedem so, der hier vorbeikommt«, lächelte der Jäger und legte die Trüffeln beiseite. »Es ist gut, dass du dich auf die Suche gemacht hast, auch wenn du noch nicht genau weißt, was du suchst. Wer sucht, wird immer etwas finden, während der, der nicht sucht, wahrscheinlich nichts finden wird.

Was der Suchende genau finden wird, ist eine andere Frage, aber zumeist ist es besser als das, was er sich anfänglich erhofft hatte zu finden.« Er deutete auf eine kleine Truhe.

Der Junge sah goldene Münzen, Edelsteine und Diamanten.

»Eigentlich wollte ich nur Trüffeln finden, aber als ich sie ausgegraben hatte, fand ich neben ihnen diesen wertvollen Schatz.«

Der Junge bestaunte die schimmernden Kostbarkeiten und dachte über die Worte des Trüffeljägers nach. Dann sagte er leicht errötend: »Eigentlich folge ich einfach diesem Esel. Er kennt anscheinend den Weg zu einem fantastischen Ort, den ich noch nicht kenne, aber kennenlernen will.«

Der Jäger lachte herzhaft und der Junge errötete noch mehr. »Das geht mir mit meinem Trüffelschwein genauso. Eigentlich renne ich ihm den ganzen Tag nur hinterher. Es hat einfach den richtigen Riecher.«

Er lachte abermals und fügte dann etwas ernster hinzu: »Jeder folgt irgendwem oder irgendwas, auch wenn es die meisten nicht wahrhaben wollen. Aber lieber einem Esel folgen, der den Weg kennt, als einem Gelehrten, der den Weg nicht kennt. Außerdem haben Esel einen ausgezeichneten Orientierungssinn und weichen nie zurück. Sie haben schon große Könige zu fantastischen Orten getragen. Unterschätze also niemals deinen Esel.«

Dann schwieg er und auch der Junge schwieg.

Als sie mit dem Essen fertig waren, das Feuer war schon fast erloschen, sagte der Jäger: »Auf deiner Reise werden sicherlich noch so manche Prüfungen und Widerstände auf dich warten. Achte deshalb darauf, das Feuer deiner Suche beständig am Brennen zu halten und immer wieder neues Holz nachzulegen, dann wirst du unbeschadet an dein Ziel kommen.« Er stand auf.

»Woher bekomme ich neues Holz?«, wollte der Junge wissen.

»Trage den fantastischen Ort stets in deinem Herzen, schreibe ihn dir hinter die Ohren, halte ihn dir beharrlich vor Augen, führe ihn allezeit auf deinen Lippen und reibe ihn allen anderen unter die Nase. Denke daran, wenn du aufwachst und wenn du einschläfst, wenn du sitzt und wenn du gehst, in deinem Tun und deinem Ruhen, an guten wie an schlechten Tagen. Wenn du das beherzigst, wird dein Feuer nie erlöschen.« Er zwinkerte dem Jungen aufmunternd zu. Dann ging er zu seinem Pferd. »Ich muss jetzt los, aber ich wünsche dir noch viel Erfolg bei deiner Suche.« Leichthändig schwang er sich in den Sattel.

»Könntest du uns nicht noch ein paar Münzen dalassen«, fragte der Junge, der sich wieder etwas Sorgen um die Verpflegung auf ihrer Reise machte.

»Die brauchst du nicht«, antwortete der Jäger und wendete sein Pferd, »Himmel und Erde werden den, der ernsthaft und aufrichtig sucht, mit allem Nötigen versorgen und ihm Gelingen schenken. Die Münzen würden dich nur daran hindern, dein Ziel zu erreichen.«

»Aber ich …«

Es machte keinen Sinn, den Satz zu Ende zu führen, da der Jäger so schnell davonpreschte, dass der Boden erzitterte und der Wald die Tritte der Hufe widerhallen ließ.

Der Junge band seinen Esel los, warf ein paar dicke Äste in die Glut und setzte sich dankbar ans neu aufflammende Feuer. Die Begegnung mit dem Trüffeljäger hatte ihn sehr ermutigt und er nahm sich vor, immer wieder Holz nachzulegen.

So schlief er ein – voller Vorfreude auf alles, was noch kommen würde.

Kapitel 4

Seit einigen Tagen folgten sie nun schon der Straße, immer Richtung Süden. Himmel und Erde hatten sie dabei gut versorgt. Einmal gab es ein schweres Gewitter. Der Blitz schlug in einen Baum ein und tötete dabei ein Wildschwein, wodurch ihnen ein leckeres Abendessen beschert wurde. Ein anderes Mal fanden sie einen gedeckten Tisch mit allem, was das Herz begehrte, sodass sie nach Herzenslust essen konnten.

Jetzt lichtete sich der Wald und vor ihnen lag eine weite, grasbedeckte Ebene. Bald schon erblickten sie Felder und Obstbäume und Wiesen, die übersät waren von Maulwurfshügeln und schönen Blumen.

Dann sahen sie in der Ferne Rauch aufsteigen, und als sie näherkamen, erkannten sie, dass der Rauch aus einem Kamin kam oder besser gesagt aus vielen Kaminen. Es war ein kleines Dorf mit nur einer Straße und es war das einzige Dorf in diesem Gebiet. Fast so wie zuhause, dachte der Junge und bekam sogleich ein bisschen Heimweh.

Die Dorfbewohner waren sehr freundlich und bewirteten sie großzügig und der Junge aß sich nach Herzenslust satt. Auch das Zimmer, in das sie einquartiert wurden, war königlich. Trotz allem hatte der Junge ein komisches Gefühl, irgendetwas stimmte nicht, er konnte nur nicht genau sagen, was es war.

Am nächsten Morgen, er saß gerade auf der Bank vor seinem Zimmer und kraulte den Esel, kam ein dicklicher Mann und setzte sich zu ihm. Es stellte sich heraus, dass es der Bürgermeister des Dorfes war.

»Was führt dich in unser beschauliches Dorf?«, wollte er wissen.

»Ich bin auf der Suche nach einem fantastischen Ort, den ich noch nicht kenne, aber gerne kennenlernen will«, erwiderte der Junge.

»Das war hier jeder einmal«, schmunzelte der Mann, »auch ich, als ich noch jung war. Ich kam aus meinem Dorf in den Bergen auf der Suche nach einem, mir von Angesicht unbekannten, doch in meinen Träumen sehr vertrauten Ort.«

»Und, hast du gefunden, was du gesucht hast?« Der Junge wurde neugierig.

Der Dicke schaute den Jungen etwas mitleidig an. »Junge, das war doch nur ein ferner Traum, ein Funke in einem kindlichen Herzen, befeuert durch die Leidenschaft der Jugend. Als aber die Stürme der Realität kamen, ist dieses Feuer auch schnell wieder erloschen. Was will man machen ohne Geld und ohne Proviant? Außerdem braucht man doch einen Ort, den man Heimat nennt. Ein Haus, eine Familie, ein geregeltes Leben. Was hätte mich denn sonst auf meiner Reise erwartet? Nichts als Mühen und Entbehrungen und Sorgen.

Rückblickend erkannte ich, dass es in meinem Dorf eigentlich ganz schön gewesen war, viel schöner, als ich es zuvor wahrgenommen hatte. Da ich aber nicht mehr dorthin zurückkonnte, habe ich hier ein neues Dorf gegründet, ganz ähnlich dem alten, nur etwas angepasster und moderner und mit einem anderen Anstrich. Und mit der Zeit stießen immer mehr Menschen dazu, die sich, wie ich, auf die Suche gemacht hatten, jetzt aber ernüchtert waren und endlich irgendwo ankommen wollten.«

»Vielleicht hättet ihr einen Schatz gefunden«, erwiderte der Junge, »oder fantastische Orte und Wesen gesehen, oder große Abenteuer erlebt, oder enorme und weise Erkenntnisse gewonnen, wenn ihr weitergesucht hättet.«

»Alles nur Luftschlösser und heiße Luft«, winkte der Dicke ab. »Die Welt außerhalb unseres Dorfes interessiert uns nicht besonders, wir sind zufrieden mit dem, was wir haben, und dasselbe würde ich dir auch empfehlen. Bleibe bei uns, wie die vielen anderen Suchenden auch. Wir finden sicherlich ein schönes Plätzchen für dich und deinen Esel. Wer weiß …« Er musterte den Jungen von oben bis unten. »… vielleicht wirst du ja irgendwann mein Stellvertreter, und wenn du dich gut anstellst, mein Nachfolger. Wir könnten so jemanden wie dich hier gut gebrauchen.« Er zwinkerte vielversprechend.

Der Junge dachte einen Augenblick darüber nach. Das Angebot des Mannes schien verlockend. Er vermisste sein Dorf und fühlte sich auch durch die Worte des Mannes geschmeichelt. Bürgermeister, das wäre doch was, das würde doch zu ihm passen. Außerdem war er sich wieder etwas unsicher, ob er tatsächlich bereit war für die Prüfungen und Widerstände, von denen schon der Jäger gesprochen hatte.

Aber dann dachte er an den fantastischen Ort und in ihm kam wieder diese Sehnsucht auf, die er schon am Fluss gespürt hatte. »Danke für das Angebot, aber nein, danke. Ich muss meinen fantastischen Ort finden.«

»Wie du willst«, antwortete der Dicke, »dich scheint man ja nicht von deinem Vorhaben abbringen zu können.«

Er hielt kurz inne, bevor er weitersprach: »Es gibt hier in der Gegend eine alte Frau, sie wohnt in einer Höhle nicht weit von hier. Ich habe sie schon lange nicht mehr gesehen, aber sie gilt bei Suchenden als weise. Mittlerweile halte ich sie aber nur noch für eine verrückte alte Frau.« Verächtlich deutete er auf einen schmalen Pfad, der sich an der Mühle vorbei den grasbedeckten Hang hinab schlängelte. »Folge einfach dem Pfad, er wird dich zu ihr führen.«

Er erhob seinen beleibten Körper von der Bank und schlenderte weiter die Straße entlang, die einzige, die dieses Dorf hatte. »Falls ihr es euch doch noch anders überlegt, seid ihr hier immer herzlich willkommen«, rief er ihnen noch über die Schulter zu.

Der Junge schaute dem Bürgermeister nach, wie er die Straße entlang ging und sich mit dem nächsten Reisenden unterhielt. Dann wandte er sich schulterzuckend wieder dem Esel zu. »Was meinst du, sollen wir diese weise Frau suchen? Dazu müssen wir aber die befestigte und sichere Straße verlassen. Das wird gewiss nicht einfach.«

Der Esel schien von dem Gedanken sehr angetan zu sein, denn er sprang sofort auf und lief voraus.

Der Junge packte seinen Rucksack und sie zogen los, immer den steinigen Pfad entlang.

Kapitel 5

Nach kurzer Zeit kamen sie an den Rand eines schönen Tals und suchten sich ihren Weg talabwärts. Einige Kaninchen kreuzten ihren Weg und nahmen schnell Reißaus, als sie die Reisenden kommen sahen.

»Da ist eine Höhle«, rief der Junge, und tatsächlich saß vor der Höhle eine sehr alte Frau. Anscheinend war sie gerade dabei, etwas anzufertigen. Mit jugendlicher Leichtigkeit und fachmännischer Präzision zog sie Linien und verzierte ihre Handarbeit.

»Ich habe euch erwartet«, sagte sie, ohne aufzublicken, »setzt euch.«

Es gab keine Sitzgelegenheiten, also setzten sie sich einfach auf die Steine.

»Wie ich sehe, hat mein Diener euch direkt zu mir geschickt«, sagte die Alte und zog weiter ihre Linien, ohne aufzusehen.

»Dein Diener?« Der Junge war irritiert.

»Der Bürgermeister«, gab sie zurück.

»Ich glaube nicht, dass ihm bewusst ist, dass er dein Diener ist«, erwiderte der Junge, der sich nicht mehr ganz sicher war, ob die Frau nicht tatsächlich verrückt war.

»Es ist unerheblich, ob ihm das bewusst ist. Wichtig ist nur, dass er tut, wozu er eingesetzt wurde: zu einem Prüfstein für alle Suchenden, um ihre Entschlossenheit zu erproben und die Spreu vom Weizen zu trennen. Ihr werdet noch anderen Prüfungen auf eurem Weg begegnen.« Sie begann geschwungene Kreise auf ihre

Handarbeit zu zeichnen. »Aber nun zu euch, was kann ich für euch tun?«

»Wir sind auf der Suche nach einem fantastischen Ort«, antwortete der Junge und rutschte unruhig auf der Stelle hin und her, »kannst du uns bei unserer Suche behilflich sein?«

»Was du suchst, ist nicht einfach nur ein fantastischer Ort, Junge«, sagte die Alte, ohne aufzublicken. »Du bist auf der Suche nach dem Leben, dem Vollkommenen. Du bist auf der Suche nach dem höchsten Glück, deiner ureigenen Bestimmung, und du hast verstanden, dass all das in dem abgelegenen Dorf, aus dem du kommst, mit nur einer Straße, langen Nächten und wenigen Sonnenstunden, nicht zu finden ist.« Sie musterte ihr Werk.

Woher weiß sie, dass ich aus diesem Dorf komme, dachte der Junge bei sich.

»Jeder Mensch kommt aus so einem Dorf«, erwiderte die Alte, seine Gedanken lesend, »und jeder Mensch bekommt seinen Hinweis, der von einem Ort erzählt, weit entfernt hinter dem Horizont des eigenen Verstehens, ein fantastischer Ort, der wundervolle Dinge verspricht.«

»Wenn das so ist, warum hat sich sonst noch niemand aus meinem Dorf auf den Weg gemacht?«

»Oh, viele aus deinem Dorf haben sich schon auf den Weg gemacht«, erwiderte die Alte, ihre Linien ziehend, »sie sind nur nicht weit gekommen. Den dunklen Wald zu betreten und den Fluss zu überqueren, hat außer dir keiner gewagt.«

»Ich konnte es nur wegen meines Esels, er hat mich geführt.«

»Jeder Mensch bekommt seinen Esel, wie du ihn nennst«, erwiderte die Frau, »aber wenn man ihm nicht die Zügel überlässt und folgt, dann ist er irgendwann fort. Aus anderen Dörfern sind

Menschen ihrem Esel bis in diese Gegend gefolgt, aber viele von ihnen haben, wie du schon festgestellt hast, aufgegeben und ihre Reise nicht fortgesetzt, weil sie die Strapazen scheuten und ihnen das höchste Glück nicht wertvoll genug erschien. Nur die Schwächsten, die Ärmsten und die Hungrigsten unter den Suchenden erreichen das Ziel.«

»Das verstehe ich nicht«, gab der Junge zurück.

»Achte einfach darauf, dass du dich nicht auf deine eigene Kraft verlässt, deine Armut stets vor Augen hast und immer hungrig bleibst, so wirst du finden, was du suchst, und schmecken, was du begehrst«, gab die Weise zurück.

Dann hielt sie ihr Werk, an dem sie bis jetzt gearbeitet hatte, prüfend gegen das Licht. Es war eine kunstvoll verzierte und sehr kostbar anmutende Karte.

Sie ist sicherlich ein Vermögen wert, dachte der Junge.

Die Weise legte ihre Arbeit zur Seite und blickte ihm zum ersten Mal direkt in die Augen. Es war ein angenehmer, weicher Blick und doch hatte der Junge das Gefühl, dass sie in diesem Moment alles über ihn wusste. Alles, was er war und jemals sein würde.

Sie nickte bedeutungsvoll und zufrieden und überreichte ihm die Karte. »Nimm!«, sagte sie. »Diese Karte wurde für dich angefertigt, sie wird dir helfen, gute Entscheidungen auf deiner Reise zu treffen und immer richtig abzubiegen.«

Der Junge starrte auf die Karte. Er konnte nicht glauben, dass diese Karte jetzt ihm gehören sollte. Noch bevor er sich jedoch bedanken konnte, drehte sich die weise Frau um und verschwand in der Höhle. Er verstand, dass es nichts mehr zu sagen gab, und er nahm sich vor, jedes ihrer Worte wie einen Schatz tief in seinem Herzen zu bewahren.

Kapitel 6

Sie gingen nicht den Weg zurück, sondern folgten dem steinigen Pfad durch das Tal, bis es sich weitete und zu einer ausgedehnten Ebene wurde. Hier verlor sich der Pfad.

»Wo geht's lang?«, fragte der Junge den Esel.

Doch der blieb einfach stehen.

»Warum gehst du nicht weiter«, wunderte sich der Junge.

Aber der Esel reagierte nicht und so zog der Junge die kunstvoll verzierte Karte hervor und fing an, sie zu studieren. Auf der Karte waren viele Zeichen, die er nicht kannte. Außerdem gab es immer wieder Unterbrechungen auf dem Weg und Querverweise, die er nicht zu deuten vermochte, dazu war sie teilweise wie verschwommen. Zumindest fand er ihren aktuellen Standort und stellte fest, dass sie sich leicht rechts halten mussten, wenn sie weiterkommen wollten. Es war auf jeden Fall noch ein weiter Weg, so viel stand fest.

Also zogen sie weiter.

Der Esel trabte leichtfüßig neben dem Jungen her und tänzelte manchmal sogar um ihn herum.

»Wenn du noch so viel Energie hast, kann ich ja wieder auf dir reiten«, sagte der Junge. Und so machten sie es.

Nach kurzer Zeit wurde das Gelände schroffer. Die grasbedeckte Weite wich einer wüstenartigen, kargen Landschaft.

Zu Anfang hatte der Junge sich noch über den feinen Sand gefreut, den es hier im Überfluss gab. So etwas kannte er von zuhause nicht. Aber mit der Zeit wurde der heiße Sand sehr unangenehm und machte ihnen das Laufen schwer. Auch brannte die Sonne erbarmungslos auf sie nieder, ohne dass ein schattiges Plätzchen in Sicht gewesen wäre. Nur Kakteen gab es und Wüste, so weit das Auge reichte.

Nach einer Weile, sie hatten schon eine ordentliche Strecke zurückgelegt, merkten sie, dass ihre Wasservorräte langsam zur Neige gingen. Sie hielten Ausschau nach einem Brunnen oder einem Gewässer, fanden aber nichts als Wüste. Bald war alles aufgebraucht und ihr Durst wurde immer größer.

Da sahen sie in der Ferne eine gewaltige Stadt, die sich dunkel gegen den hellen Sand abhob und im Sonnenlicht schimmerte. Das musste der fantastische Ort sein!

Der Junge sprang vom Esel und lief triumphierend und siegessicher voran, während der Esel immer weiter zurückfiel. Er mühte sich nach Kräften, die Stadt zu erreichen, und gönnte sich keine Pause mehr. Doch um so schneller er lief, um so weiter schien sie sich zu entfernen. Bald schon war sie außer Reichweite.

Er war dem Zusammenbruch nahe und hätte der Esel ihn nicht weitergetragen, wäre er sicherlich an Ort und Stelle gestorben. Aber auch der Esel war nach kurzer Zeit mit seinen Kräften am Ende und so fielen sie wie tot in den Sand und erwarteten ihr baldiges Ableben. Der Junge überantwortete sich seinem Schicksal, legte sein Leben in die Hände von Himmel und Erde und war gerade dabei aufzugeben.

Da bemerkten sie eine Karawane, die geradewegs auf sie zukam. Die Reiter stoppten und gaben ihnen Wasser, das sie gierig und dankbar in sich aufsogen. Dann entschieden die Reiter, an dieser Stelle ihr Nachtlager aufzuschlagen.

»Woher kommt ihr und wohin geht ihr?«, wollte ein alter, mürrischer Beduine wissen.

»Ich komme aus einem kleinen Dorf hoch oben in den Bergen und suche nach, na ja, dem fantastischen Ort, den ich noch nicht kenne, aber kennenlernen will.«

Der alte Beduine deutete mit dem Kopf in Richtung der Stadt, die sich glänzend am Horizont abbildete. »Meinst du diesen Ort?«

»Kann gut sein«, entgegnete der Junge vorsichtig.

»Was du siehst, gibt es nicht, es ist nur eine Fata Morgana, ein Spiegelbild deiner Wünsche und Sehnsüchte. Du siehst, was du sehen willst. Schon viele vor dir haben sich auf die Suche nach diesem Ort gemacht und waren sich sicher, ihn gefunden zu haben, aber am Schluss sind sie in der Wüste verdurstet. Ich für meinen Teil habe aufgehört, an diesen fantastischen Ort zu glauben, lieber bleibe ich mit meinen Kamelen in der Wüste und schlafe unter freiem Himmel.«

Die anderen Beduinen schwiegen und betrachteten die Sterne.

»Kann es nicht noch eine andere Erklärung für diese Fata Morgana geben?«, fragte der Junge etwas niedergeschlagen.

»Nein, das ist die einzige.«

Der Junge setzte sich etwas abseits, um seinen Gedanken nachzuhängen und die Sterne zu betrachten. Das war heute knapp, dachte er, wenn die Karawane nicht vorbeigekommen wäre, dann wäre es um uns geschehen. Es fröstelte ihn bei dem Gedanken daran.

Da näherte sich ein junger Beduine und setzte sich zu ihm. »Hör nicht auf ihn«, sagte er und deutete mit dem Kopf in Richtung des alten Beduinen, »er ist alt und verbittert. Er hat sich für seinen Weg und seine Wahrheit entschieden.«

»Gibt es denn mehrere Wahrheiten?«, wollte der Junge wissen.

»Es gibt viele irdische Wahrheiten, aber nur eine himmlische«, entgegnete der Beduine. »Sieh dir den Sternenhimmel mit seinen Bildern an. Seit Menschengedenken weisen sie uns Beduinen den Weg und stehen beständig an ihrer Stelle. Wenn sich auch die irdische Perspektive auf sie, je nach Ort und Tageszeit, verändern mag, die Sternenbilder selbst verändern sich nicht. Aus diesem Grund werden sie den, der sie richtig zu deuten weiß, immer ans Ziel führen, unabhängig von seinem Ausgangspunkt.«

»Und wenn jemand sie nicht richtig zu deuten weiß?«

»Na ja«, lachte der Beduine und dachte einen Augenblick nach, »ich schätze, der wird mehr oder weniger im Kreis laufen. Er wird kein höheres Gesetz und keine ewig gültige Ordnung hinter dem Lauf der Sterne erkennen können und sich irgendwann gar nicht mehr nach ihnen richten und sie im schlimmsten Fall verachten.

Oder er wird ein höheres Gesetz dahinter erkennen und schlussfolgern, dass das Leben ein ewiger Kreislauf ist oder dass der Weg das Ziel sein muss. Aber ankommen wird er mit Sicherheit nicht.«

»Das bedeutet also, es ist entscheidend, sie richtig zu deuten. Aber wie deute ich sie richtig?«

»Zum einen musst du dich und deinen Ausgangspunkt kennen. Du musst verstehen, dass die Erde rund ist, sich um die eigene Achse und um die Sonne dreht und dass du selbst ein Teil dieser Bewegung bist und immer sein wirst, deine Perspektive somit je nach Standpunkt variiert.

Des Weiteren musst du davon überzeugt sein, dass die Sternenbilder beständig an ihrer Stelle stehen und Fixpunkte sind, an denen du dich orientieren kannst.

Und zu guter Letzt musst du versuchen, der Bewegung der Erde zu ›entkommen‹, indem du deine Bewegung mit einrechnest. Das ist die eigentliche Kunst.

Aber keine Sorge«, fügte er beschwichtigend hinzu, »wer einen guten Lehrmeister hat, die richtigen Karten und eine gute Beobachtungsgabe besitzt, der bekommt das schon hin.«

Der Junge schaute hinüber zu seinem Rucksack und dachte dankbar an seine Karte. Dann fragte er den jungen Beduinen: »Warum bekommt es dann der alte Beduine nicht hin?«

Der junge Beduine schmunzelte, da er sofort die Zweideutigkeit der Frage erkannte. »Um im Bild zu bleiben«, sagte er lächelnd, »er ist leider nicht der Bewegung entkommen und läuft im Kreis. Er sieht nicht, dass aus ihm die Enttäuschung spricht, die Verzagtheit und auch ein bisschen die Eifersucht, dass nämlich du den Traum lebst, den er als junger Beduine geträumt hat. Und genau das verzerrt seine Wahrheit und macht sie zur Lüge und lässt ihn sein Ziel verfehlen und ihn immer wieder am selben Punkt rauskommen. Himmlisch ist die Wahrheit nur dann, wenn sie unverfälscht und rein ist, sonst wird sie zu einer irdischen Wahrheit. Zu einer Wahrheit, die die Bewegung der Erde widerspiegelt und nicht die Beständigkeit der Sternenbilder.«

Seufzend fuhr er fort: »Der Alte ist davon überzeugt, dass die Stadt, die er selbst schon so oft in der Ferne gesehen hat, nicht real ist. Aber ich sage dir, sie ist es! Ich selbst war mit einer Karawane an ihren mächtigen Stadttoren, um Handel zu treiben.

Was du gesehen hast, war zwar tatsächlich eine Fata Morgana, aber das heißt nicht, dass es den fantastischen Ort nicht gibt. Er ist nur nicht an der Stelle, an der du ihn vermutet und gesehen hast, sondern sehr weit entfernt von dort. Er wurde dir gezeigt, damit du die Hoffnung nicht verlierst. Aber«, fügte er hinzu,

»umso mehr du dich anstrengst und nach Kräften abmühst, ihn zu finden, umso weiter wird er sich von dir entfernen, auch das ist eine himmlische Wahrheit. Nicht du wirst ihn finden, sondern er wird dich finden. Sei du nur darauf bedacht, mit demütigem Herzen weiterzusuchen.«

Da erinnerte sich der Junge an die Worte der Weisen: »Achte darauf, dass du dich nicht auf deine eigene Kraft verlässt.«

Als er gerade etwas erwidern wollte, fingen die Kamele aus irgendeinem für den Jungen unerfindlichen Grund an, unruhig zu werden und zu schreien, sodass sich der Beduine besorgt umdrehte. Auf einmal waren alle auf den Beinen und emsig bemüht, die Vorräte zu sichern und die Kamele festzuzurren.

»Was ist los?«, rief der Junge.

»Sandsturm!«, schrie der junge Beduine, während er versuchte, die Kamele zu beruhigen.

Der Junge rannte zu seinem Esel und zog seine Jacke über ihre Köpfe. Gerade noch rechtzeitig. Schon begann es zu toben und zu stürmen, wie es sich der Junge in seinen schlimmsten Träumen nicht hätte vorstellen können.

Nach einer endlos langen Zeit, es müssen Stunden gewesen sein, beruhigte sich der Sturm. Prustend bahnten sie sich ihren Weg aus dem Sand, der sie beide fast komplett bedeckte. Von den anderen war nichts zu sehen. Waren die etwa schon weitergezogen? Es war doch mitten in der Nacht!

Als sie trotz intensiver Suche niemanden mehr fanden, beschlossen sie aufzubrechen. An Schlaf war sowieso nicht mehr zu denken. Der Junge zog wieder die Karte hervor. Ihre goldenen Konturen und feinen Linien schimmerten im hellen Mondlicht und er erkannte, dass es gen Osten eine Oase geben musste, an der sie sich erfrischen konnten. Sie lag zwar nicht direkt auf dem Weg, aber irgendwoher brauchten sie ja Wasser. Und so marschierten sie durch die klare Nacht, sich an den Sternen orientierend, immer weiter Richtung Osten.

Kapitel 7

Die Sonne war schon aufgegangen, da erreichten sie ihr Ziel. Vor ihnen lag die Oase, malerisch umgeben von majestätischen Dattelpalmen. Feigen- und Granatapfelbäume wuchsen in ihren Schatten und Aprikosenbäume.

Eine Gruppe Kinder rannte ihnen lachend entgegen und nahm sie stürmisch in Empfang. Am Eingang standen die Ältesten, um die Neuankömmlinge zu begrüßen.

Der Junge und der Esel erfrischten sich an dem alten Brunnen und setzten sich unter einen schattenspendenden Feigenbaum. Ein Mädchen brachte ihnen kühle Getränke. Sie hatte schöne Augen und der Junge war sofort gefesselt von ihrem Anblick.

In dieser Nacht schlief er wie ein Baby an der Brust seiner Mutter, und als es wieder Tag wurde, wäre er am liebsten gar nicht aufgestanden. Einen Tag wollte er noch bleiben, um sich von den Strapazen zu erholen, nur einen.

An diesem Abend fand ein großes Fest statt. Der Junge feierte ausgelassen und schlief erst spät ein.

Als er erwachte, stand die Sonne schon hoch am Horizont. »Um diese Uhrzeit macht man sich auch nicht mehr auf den Weg«, sagte er sich, »einen Tag gönne ich mir noch, nur einen.«

Am nächsten Tag war die jährliche Dattelernte und das Mädchen mit den schönen Augen bat ihn, ihnen doch noch zu helfen, bevor er weiterzog.

»Diesen einen Wunsch erfülle ich ihr noch, schließlich hat sie mich ja auch so gut aufgenommen und liebevoll versorgt.« Er schuftete den ganzen Tag und fiel am Abend todmüde ins Bett.

Die nächsten Tage hatte er so einen Muskelkater, dass er nicht aufstehen konnte. In dieser Zeit kam das Mädchen täglich vorbei, um ihn zu verköstigen, und machte ihm dabei schöne Augen. Den Esel sah er derweil eher selten und dachte auch nicht mehr so oft an ihn. Er merkte, dass dieser gern mehr Zeit mit ihm verbracht hätte, aber es gab hier so viel zu sehen und dann war da auch noch das Mädchen, sodass er schlicht und einfach nicht die Zeit dafür fand.

Eines Tages kam der Vater des Mädchens und erklärte ohne Umschweife, dass er sich sehr freuen würde, wenn der Junge seine Tochter ehelichen und für immer hierbleiben würde.

Der Junge erbat sich Bedenkzeit und sann über das Angebot nach. Er wusste, dass diese Heirat bedeuten würde, seine Reise zu beenden und sesshaft zu werden. Aber hatte er nicht schon genug gesehen und erlebt? War das höchste Glück, von dem die Alte gesprochen hatte, nicht genau das, was er hier gefunden hatte? Konnte nicht diese Oase der fantastische Ort sein, von dem er schon so lange geträumt hatte? Gewiss, auch hier gab es nur eine Straße und nur eine Ortschaft weit und breit, aber es war viel schöner und liebreizender als in seinem Dorf.

Er war hin- und hergerissen und grübelte die ganze Nacht hindurch, bis er irgendwann einschlief.

Da hatte er einen Traum. Er träumte von dem Mädchen mit den schönen Augen und wie er sie vor den Traualtar führte. Und als sie da so standen, rosig und liebestoll, und auf die Ringe warteten, die sein Trauzeuge und bester Freund, der Esel, bringen sollte, da war dieser plötzlich verschwunden und über alle Berge, auch die Karte hatte er mitgenommen.

Und während der Junge vor Schreck wie gelähmt vor dem Mädchen stand, verwandelte sich das Mädchen auf einmal vor seinen Augen in den beleibten Bürgermeister und drückte ihm einen dicken Schmatzer auf die Lippen.

Da fuhr der Junge hoch, schweißgebadet. Er sprang aus dem Bett und rannte zum Stall. Er riss die Tür auf, hastete hinein. Kein Esel!

Entsetzen erfasste ihn. Was hatte die Weise gesagt? »Wenn man seinem Esel nicht die Zügel überlässt und ihm folgt, dann ist er irgendwann fort.«

»Bitte nicht«, rief er und hob seine Augen flehend zum Himmel.

Da hörte er hinter sich ein Geräusch, und als er sich umdrehte, sah er den Esel, wie er gerade zur Stalltür hereinkam, die Karte im Maul.

Erleichtert fiel er ihm um den Hals und küsste ihn mit einem Schmatzer, der dicker war als der des Bürgermeisters. »Es tut mir leid«, sagte er, »ich hätte dich und den fantastischen Ort fast eingetauscht gegen den beleibten Bürgermeister und das Dorf mit nur einer Straße. Ich werde in Zukunft vorsichtiger sein und das Ziel nicht mehr aus den Augen verlieren, versprochen!«

Dann gingen sie fort von der Oase und dem Mädchen mit den schönen Augen. Sie nahmen nichts mit auf den Weg und zogen sofort los, ohne zurückzuschauen. Sie gingen mit Freiheit im Herzen und einem neuen Lied auf den Lippen.

Zweiter Teil

Kapitel 1

Viele Tage waren sie nun schon unterwegs, seitdem sie von der Oase fortgegangen und weiter Richtung Süden gezogen waren. Sie hatten die Wüste hinter sich gelassen und die fruchtbaren Steppen der Halbnomaden durchstreift. Mal hatten sie unter freiem Himmel genächtigt, mal in den gemütlichen Zelten der Einwohner dieses wunderschönen Landes. Es waren einfache und genügsame Menschen, die jeden herzlich aufnahmen und großzügig bewirteten. Gerne lauschten sie den Geschichten des Jungen und manche von ihnen machten sich daraufhin selbst auf, um mit ihren Herden und Familien und mit Hoffnung im Herzen Richtung Süden zu ziehen.

Es war eine großartige Zeit und manchmal wären sie am liebsten an Ort und Stelle geblieben. Aber dieses Empfinden war nie so stark wie bei der Oase, nie so, dass der Junge es noch mal ernsthaft in Erwägung gezogen hätte. Er hatte eine Entscheidung getroffen: das Ziel zu erreichen, koste es, was es wolle. Außerdem hatte er sich seit der Oase konsequent an die Worte des Jägers gehalten, das Ziel nie aus den Augen zu verlieren und sich mit allen Sinnen und zu allen Zeiten darauf auszurichten. Wenn er aufstand, erinnerte er sich an den fantastischen Ort und suchte ihn auf der Karte, und wenn er einschlief, dachte er über ihn nach.

Irgendwann nahmen diese Gedanken sogar seine Träume ein und er hatte geruhsame und beflügelnde Nächte, die ihn am Morgen mit Freiheit im Herzen und einem neuen Lied auf den Lippen erwachen ließen. Und so zogen sie weiter, immer Richtung Süden, bis sie an ein mächtiges Gebirge kamen, dessen weiße und schneebedeckte Gipfel sich majestätisch bis in den Himmel erhoben, und das die Einheimischen »Gebirge der reinen Herzen« nannten.

An seinen Ausläufern erstreckten sich herrliche Obstplantagen, so weit das Auge reichte. Große saftige Äpfel hingen in den Bäumen, unter deren Gewicht sich die Äste bogen.

Sie folgten einem schmalen Pfad, der sich sanft durch die Plantagen schlängelte. Um sie herum summten die Bienen, emsig auf der Suche nach süßem Nektar, den es hier im Überfluss gab.

Da entdeckte der Junge einen Bauern, der gerade dabei war, die Ernte einzuholen. Er stand auf einer wackeligen Holzleiter, die aussah, als würde sie jeden Moment zusammenbrechen. Sorgfältig pflückte er einen Apfel nach dem anderen und legte ihn behutsam in einen großen Korb, den er neben sich an einen Ast gehängt hatte.

Als er seinerseits den Jungen bemerkte, blickte er von seiner Arbeit auf und musterte ihn neugierig. »Na, wohin führt euch eure Reise?«

Der Junge schaute zu dem Bauern hoch und hielt sich die Hand vor die Augen, um nicht von der Sonne geblendet zu werden. »Wir sind auf der Suche nach dem fantastischen Ort und der ureigenen Bestimmung.«

Der Bauer nickte freundlich. Dann griff er in seinen Korb und warf zuerst dem Jungen, dann dem Esel jeweils einen großen Apfel zu. »Esst! Die Stärkung wird euch guttun. Der Weg durch das Gebirge der reinen Herzen ist zwar an sich nicht beschwerlich, aber die meisten finden ihn nicht auf Anhieb.«

Dankbar biss der Junge in den Apfel. Er war herrlich fruchtig und süß. »Warum wird das Gebirge eigentlich ›Gebirge der reinen Herzen‹ genannt?«, wollte er wissen.

Der Bauer nahm einen weiteren Apfel und warf ihn dem Jungen zu, der mittlerweile mit dem ersten fertig war. »Weil nur ein reines Herz es überwinden und den fantastischen Ort erreichen kann.« Seine Leiter schwankte bedenklich.

Der Junge kniff die Augen zusammen und überlegte, aber irgendwie leuchtete ihm die Antwort nicht so ganz ein. »Das verstehe ich nicht«, sagte er. »Warum braucht man dazu ein reines Herz?«

Der Bauer deutete auf einen Baum hinter sich. An seinen Ästen hingen nur noch einige ledrige, verschrumpelte Äpfel. Sein Stamm hatte schwarze, klebrige Stellen und die wenigen Blätter, die er noch besaß, waren verwelkt und eingerollt. »Sieh mal, es ist wie mit diesem Baum, der, weil er faul ist, keine guten Früchte mehr trägt und unfähig ist, das zu tun, wofür er bestimmt ist. Nur ein gesunder Baum trägt gute Früchte und nur ein reines Herz bringt Gutes hervor und kann tun, wofür es bestimmt ist. Deshalb kann nur ein reines Herz das Gebirge überwinden und den fantastischen Ort und die ureigene Bestimmung erreichen.«

Der Junge überlegte. »Das heißt, wenn ein Baum einmal faul ist …«

»… dann muss er gründlich gereinigt und von seiner Fäulnis befreit werden«, fiel ihm der Bauer ins Wort. »Auch muss man ihn dazu ordentlich zurückschneiden. Erst dann ist der Baum wieder fähig, gute Früchte hervorzubringen und das zu tun, wofür er bestimmt ist.«

Der Junge nickte nachdenklich. Er hätte am liebsten noch weiter gefragt, wollte aber nicht aufdringlich sein. Also verabschiedete er sich und setzte seinen Weg fort, jedoch nicht, ohne dass der Obstbauer ihm noch einige Äpfel mit auf den Weg gab.

Kapitel 2

Sie schlugen ihr Lager unter einem großen Baum auf. Jetzt lag das Gebirge direkt vor ihnen und sie genossen die spektakuläre Aussicht auf das gewaltige Bergmassiv. Es war atemberaubend.

Der Junge faltete vorsichtig die Karte, seinen kostbarsten Besitz, auf. Zwei Wege waren eingezeichnet, die durch das Gebirge der reinen Herzen führten. Einer war klar gekennzeichnet als der Weg, den sie gehen sollten. Und dann gab es da noch den zweiten Weg, der ebenfalls vielversprechend aussah, aber sehr viel beschwerlicher zu sein schien, auch war der Ausgang nicht klar zu erkennen.

Immer noch gab es vieles auf der Karte, was der Junge nicht zu deuten vermochte. Es war ihm, als verstünde er immer gerade so viel, wie für seine nächsten Schritte nötig war, der Rest war wie verschwommen oder für ihn undurchsichtig. Vor allem die großen und kunstvoll gezogenen Linien wusste er noch nicht auszulegen.

Am nächsten Tag standen sie früh auf, um nicht in der Mittagshitze wandern zu müssen, packten ihre Habseligkeiten und zogen los. Es war ein schöner Morgen. Die Sonne schien durch die Blätter der Laubbäume und die Vögel zwitscherten fröhlich.

Nach einigen Stunden kamen sie an einen großen moosbewachsenen Felsen. Hier teilte sich der Weg. Links war der klar gekennzeichnete Weg, den sie laut der Karte einschlagen sollten, rechts der zweite, beschwerlichere. Sie schlugen den ersten Weg ein. Nach kurzer Zeit zog der Himmel auf einmal zu und es begann zu regnen. Es regnete den ganzen restlichen Tag, sodass der Boden äußerst rutschig wurde und der Junge immer wieder ausglitt.

Nach einem langen und anstrengenden Fußmarsch, der Junge spürte seine Beine kaum noch, kamen sie müde und durchnässt an ein mächtiges Tor mit schweren Türen und massiven Riegeln, das den Weg versperrte. Hinter dem Tor erstreckte sich eine Schlucht, die sich wie eine Schneise schnurgerade durch das steile und zerklüftete Gebirge zog. Sie wirkte irgendwie künstlich angelegt und nicht so, als gäbe es sie schon immer. Das Tor war so in die Schlucht eingelassen, dass es kein Vorbeikommen gab, man musste es passieren. Leider war das Tor verschlossen.

Da bemerkten sie einen Blinden, der oben auf der Mauer saß. Es sah so aus, als schaute er gerade in die Ferne.

»Wir sind auf der Suche nach dem fantastischen Ort und der ureigenen Bestimmung«, rief der Junge dem Blinden zu. »Das Tor ist verschlossen, kannst du uns öffnen?«

»Das ist das Tor der Geheimnisse des Himmels und der Erde«, antwortete der Blinde. »Nur wer den passenden Schlüssel hat, kann das Tor öffnen und durch die Tür treten.«

Der Junge wurde etwas ärgerlich. »Wir kommen von weit her, sind müde und ausgelaugt, kannst du uns nicht einfach aufmachen?«

»Ich sehe und weiß, dass du von weit her kommst«, erwiderte der Blinde, »wärst du von hier, wüsstest du, dass sich das Tor der Geheimnisse des Himmels und der Erde nur von außen öffnen lässt und jeder Mensch selbst den Schlüssel ins Schloss stecken muss und dieser auch jeweils nur ein einziges Mal passt.«

»Gut, und wo ist der Schlüssel?«, fragte der Junge.

»Nur Sehende haben ihn.«

»Ich bin doch sehend«, gab der Junge gereizt und etwas zu frech zurück. So langsam reichte ihm das verworrene Gerede des Blinden. Ihm war kalt und er wollte endlich durch das Tor.

»Dort, wo du herkommst, werden die Blinden sehend genannt und die wahrhaft Sehenden blind«, erwiderte der Blinde. »Deshalb sagte ich, nur ein Sehender hat den Schlüssel und kann das Tor passieren. Aber da du meinst, sehend zu sein, und nicht erkennst, dass du noch wahrhaft blind bist, hast du ihn nicht und musst dein Glück am Pass der guten Taten versuchen. Geht den Pfad zurück und biegt dann an der Gabelung links ab.« Mit diesen Worten drehte er sich um und schaute wieder in die Ferne.

Der Junge sah den Esel ratlos an. Dann ging er entmutigt und etwas durcheinander zurück. Es regnete immer noch und so waren sie am Ende ihrer Kräfte, als sie bei dem moosbewachsenen Felsen ankamen. Unterhalb des Felsens fanden sie ein trockenes Plätzchen, an dem sie ihr Lager aufschlugen.

Der Junge studierte abermals die Karte, aber danach war er auch nicht klüger als zuvor. »Findest du das Ganze nicht ebenfalls merkwürdig?«, fragte er den Esel.

Dieser schaute ihn treu und freundlich an und schwieg, wie sonst auch. Und doch tat es dem Jungen gut zu wissen, dass der Esel bei ihm war und einen guten Orientierungssinn hatte und nie zurückwich. Und da sie sowieso keine Wahl hatten, entschied sich der Junge am nächsten Tag, den zweiten Weg einzuschlagen.

Kapitel 3

Früh am nächsten Morgen brachen sie auf. Es hatte zu regnen aufgehört und die ersten Sonnenstrahlen schienen warm auf ihre Gesichter. Der Weg war umgeben von sanften Anhöhen und folgte einem kleinen Bach. Der Junge war angenehm überrascht. Vielleicht war der Weg doch weniger beschwerlich, als er im ersten Moment gedacht hatte.

Nach einigen Stunden veränderte sich das Klima jedoch. Jetzt wehte ein kalter Wind, der immer mehr zu einem Sturm anwuchs. Der Weg war zwar gut befestigt, aber dafür hatte er eine starke Steigung und alle paar Meter mussten sie rasten. Der Bach neben ihnen glich auch immer mehr einem Sturzbach, der zwar schön anzusehen war, aber zugleich sehr bedrohlich wirkte.

Nachts schlugen sie ihr Lager am Rande eines Waldstücks auf und versuchten, ein Feuer zu entzünden, was bei dem Sturm und dem jetzt wieder einsetzenden Regen nicht so einfach war und erst nach etlichen Versuchen gelang. Zumindest fanden sie unter den hohen Nadelbäumen etwas Schutz. Und so schliefen sie zusammengekauert ein.

Plötzlich schreckte der Junge hoch, ein lautes Heulen zerriss die Nacht.

Wölfe!

Blitzschnell sprang er auf, das Feuer war schon fast erloschen. Doch noch ehe er die Flamme wieder anfachen konnte, hörte er schon ein Knurren hinter sich.

Ein starker Schmerz fuhr ihm das Bein hoch.

Er wirbelte herum, sah in die funkelnden Augen eines schwarzen Wolfes, der sich in sein Bein verbissen hatte. Um ihn herum gefletschte Zähne, Heulen und Knurren.

Aber da sprang schon der Esel vor ihn, packte den Wolf im Genick und schleuderte ihn von sich.

Während der Junge nach einem Stock griff und seine Steinschleuder aus dem Rucksack zerrte, trat der Esel mit seinen Hufen einem weiteren Wolf so in die Seite, dass dieser winselnd das Weite suchte.

Sie kämpften tapfer, doch es waren zu viele Wölfe und so waren sie bald am Ende ihrer Kräfte und dem sicheren Tode nah.

Da hörten sie einen lauten Ruf hinter sich.

Als der Junge sich umdrehte, sah er im Mondschein einen großen Mann, wie er mit einer Keule auf gleich drei Wölfe losging und sie verjagte. Geschickt griff er sich mit einem langen gekrümmten Stab den Nächsten, riss ihm die Füße weg und verpasste ihm einen Hieb mit seiner Keule.

Da ergriff das ganze Rudel die Flucht und ehe sich der Junge versah, waren alle verschwunden.

Zitternd und schwer atmend stand der Junge da, mit den Augen immer noch den Wald nach den Wölfen absuchend. Blut rann ihm über den Schuh, aber er spürte nichts. Erst als der Esel kam und ihn sanft anstupste, wich die innere Anspannung und der Schmerz kehrte zurück.

Er begann zu weinen. Nicht so sehr wegen des Schmerzes als vielmehr wegen des Schocks.

Dann erst beäugte er den Fremden. Er trug einfache Kleidung, hatte ein wettergegerbtes, freundliches Gesicht und Schwielen an den Händen. Und er hatte barmherzige Augen, wie sie der Junge noch bei keinem anderen gesehen hatte.

»Danke«, sagte der Junge, »ohne dich wären wir verloren gewesen.«

»Bitte, jederzeit wieder«, antwortete der Fremde freundlich. »Ich komme von der anderen Seite des Gebirges der reinen Herzen und bin auf der Suche nach einem meiner Schafe. Es hat sich verirrt und ich bin gekommen, um es zu retten und wieder nach Hause zu bringen.«

Ein Schäfer also, dachte der Junge. Er hätte es an seinem Hirtenstab erkennen können.

Besorgt betrachtete der Schäfer den Biss. »Wir sollten los, nicht, dass es sich die Wölfe doch noch anders überlegen. Sie haben Blut geleckt und werden nicht eher ruhen, als bis sie Beute gemacht und ihren Durst gestillt haben. Außerdem muss deine Wunde dringend versorgt werden. Kannst du noch laufen?«

»Nein!«

»Dann nehme ich dich auf meine Schultern. Ich bin es gewohnt, verirrte Schafe wieder nach Hause zu tragen.« Und bevor der Junge etwas erwidern konnte, legte er ihn schon über seine Schultern und marschierte los. Sie wanderten einen ausgetretenen, windstillen Pfad entlang, der von Palmen gesäumt war, die ihre Kronen neigten, als sie hindurchschritten. Fast so, als verbeugten sie sich vor dem Schäfer, dachte der Junge verwundert.

Nach einem langen Fußmarsch erreichten sie das sichere Quartier des Schäfers. In einem Gehege, das sich an die steilen Felswände des Gebirges schmiegte, warteten die Schafe geduldig auf seine Rückkehr. Zwei stattliche Schäferhunde bewachten den Eingang und horchten auf, als sie kamen.

Mittlerweile hatte es wieder angefangen zu regnen. Es prasselte und tobte, dass sich die Bäume bogen und sich der Regen in reißenden Bächen die Felsen hinabstürzte. Nur über ihnen regnete es nicht. Es war vollkommen ruhig, wie im Auge eines Hurrikans. Sogar der Mond war zu sehen. Hell und voll schien er ihnen ins Gesicht.

Da erkannte der Junge, dass es etwas Besonderes mit dem Schäfer auf sich haben musste, wenn selbst Himmel und Erde ihm dienten.

Nachdem sie angekommen waren und sich im trockenen und warmen Zelt des Schäfers niedergelassen hatten, versorgte dieser das Bein des Jungen und verband es sorgfältig. »Die Wunde ist nur oberflächlich. Morgen solltest du wieder gesund sein!«, versicherte er.

Und tatsächlich, als sie am nächsten Tag aufstanden, war, zur großen Überraschung des Jungen, die Wunde wieder vollkommen verheilt.

»Dürfen wir noch ein bisschen bei dir bleiben?«, bat der Junge den Schäfer.

Dieser bejahte und so blieben sie.

Der Junge genoss jede Minute mit dem Schäfer. Er half ihm, die Schafe zu versorgen, sie zu zählen und wieder ins Gatter zu treiben. Dabei erzählte der Schäfer Geschichten von der anderen Seite des Gebirges. Sie scherzten und lachten den ganzen Tag und der Junge hatte das Gefühl, als würden sie sich schon ewig kennen, als wären sie alte Vertraute und Freunde. Am Abend teilte der Schäfer mit ihnen das Essen und gemeinsam genossen sie das bescheidene Mahl.

Nachdem sie fertig waren, erhob sich der Schäfer.

»Es wird Zeit für mich. Ich muss aufbrechen, um das entlaufene Schaf zu retten und es den Wölfen zu entreißen.«

Der Junge dachte an die ansehnliche Herde des Schäfers. »Du hast doch so viele Schafe, warum die Mühe für das eine?« Er hatte seine Frage gerade erst ausgesprochen, da bereute er sie schon.

Der Schäfer antwortete freundlich, ohne dem Jungen seine Herzlosigkeit übel zu nehmen: »Für mich ist jedes dieser Schafe wertvoll und kostbar. Ich rede dabei nicht von einem materiellen Wert. Ich habe sie großgezogen und jedem seinen Namen gegeben, entsprechend seines Wesens und Aussehens. Ich habe geholfen, sie zu gebären, und schon als kleine Lämmer habe ich sie versorgt und, wo es nötig war, getragen. Sie kennen meine Stimme und vertrauen mir ihr Leben an. Deshalb habe ich Verantwortung für jedes Einzelne und jedes Einzelne ist unersetzbar für mich. Ich könnte es mir nicht verzeihen, wenn nur eines von ihnen abhandenkäme.

Welcher Vater würde, wenn er sieben Söhne hätte und einer davon verloren ginge, sagen: ›Na ja, ich habe ja noch sechs andere, da können wir den einen getrost entbehren.‹ Nein, er würde ihn sofort überall suchen und nicht eher ruhen, bis er ihn gefunden und nach Hause gebracht hätte, selbst wenn er dafür den höchsten Preis zahlen müsste. So geht es mir mit meinen Schafen.

Für dich sehen sie alle gleich aus, aber für mich ist jedes einzigartig und wert, mein Leben einzusetzen und hinzugeben. Ich würde nicht zögern und es jederzeit aus freien Stücken geben.«

Mit diesen Worten schnappte er sich seine Keule und seinen Hirtenstab. »Ich muss jetzt los und mich den Wölfen stellen. Ihr könnt so lange bleiben, wie ihr wollt, macht einfach das Licht aus, wenn ihr geht.« Er lächelte sanft und liebevoll und doch hatte sein

Lächeln etwas Gequältes und Bedrücktes. Dann verschwand er im Dunkel der Nacht.

Der Junge war sehr bewegt von den Worten des Schäfers und dachte noch lange darüber nach. Sie erschienen ihm wie ein großes Geheimnis, das zu hoch für ihn war. Ein Geheimnis, das so simpel und doch zu fantastisch schien.

Kapitel 4

Als der Schäfer am Morgen des dritten Tages immer noch nicht zurück war, entschieden sie sich weiterzuziehen. Der Junge überlegte, was er dem Schäfer als Dankeschön dalassen könnte, und so legte er seine Steinschleuder, mit der er damals die kleinen Vögel vertrieben und die ihm auch schon gegen die Wölfe gute Dienste geleistet hatte, auf den Tisch.

Dann zogen sie weiter, immer den Weg entlang zum Pass der guten Taten. Er führte steil bergauf durch zerklüftete Landschaften und vorbei an tiefen Felsspalten. Jeder Schritt musste mit Bedacht gewählt werden.

Irgendwann kamen sie an einen Engpass, der von zwei großen Felsen flankiert wurde. Da sahen sie, dass an dieser Stelle ein großer Kampf stattgefunden haben musste. Überall war Blut und alles war übersät von Kleidungsfetzen und Fellresten. Eine große Anzahl Wölfe lag erschlagen am Boden. Es musste dasselbe Rudel sein, das sie vor einigen Tagen attackiert hatte, denn unter ihnen war auch der schwarze Wolf, der den Jungen ins Bein gebissen hatte. Nur waren es viel mehr, als er in der Nacht wahrgenommen hatte, und es schauderte ihn, als er daran dachte, was passiert wäre, wären sie an dieser Stelle den lebenden Wölfen begegnet. Das wäre ihr Ende gewesen. Er war sehr dankbar, dass irgendetwas oder irgendjemand die Wölfe getötet hatte.

Während er seinen Blick über das Schlachtfeld gleiten ließ, weiteten sich auf einmal die Augen des Jungen und er stieß einen

Schrei aus. Neben dem schwarzen Wolf lag, zwischen Blut, Fetzen und Resten, der Hirtenstab des Schäfers. Er war zerbrochen.

Der Junge fiel auf seine Knie und fing an zu weinen. Er weinte und weinte, bis er nicht mehr konnte. Alle Kraft war aus ihm gewichen.

Der Esel konnte ihn nur mit größter Mühe dazu bewegen, weiterzuziehen. Er setzte ihn sich auf den Rücken und lief los. Aber nicht, bevor der Junge noch den zerbrochenen Hirtenstab mitgenommen hatte. Dieser wurde für ihn zu einem Sinnbild der Liebe und bedingungslosen Hingabe und der Junge behütete ihn und seine Bedeutung wie einen Schatz, wie er die Karte behütete.

Dieses verlorene Schaf hat einen immensen Wert, dachte er. Was könnte ihm mehr Wert verleihen, als dass sein Schäfer, gleich einem liebenden Vater, sein Leben für es opfert? Hätte jemand alle Schätze der Welt geboten, um dieses Schaf zu erwerben, es wäre nichts im Vergleich zu dem, was der Schäfer bereit war, für es zu bezahlen.

Er erkannte, dass es mit diesem zerbrochenen Stab etwas Besonderes auf sich hatte, etwas, das die Macht hatte, die Grundfesten des Himmels und der Erde zu erschüttern. Aber er konnte noch nicht genau sagen, was es war. Er lag traurig und schluchzend auf dem Rücken des Esels, unfähig, selber zu gehen.

So ritt er dahin, immer dem Weg zum Pass der guten Taten folgend, der steil bergauf führte und zusehends beschwerlicher wurde.

Kapitel 5

Nach einiger Zeit kam ihnen ein Mann entgegen, der barfuß war und sich offensichtlich sehr verausgabt hatte. Er war, ebenso wie der Junge, hemmungslos am Weinen.

Nach weiteren hundert Metern wiederholte sich das Schauspiel. Immer mehr Menschen kamen ihnen entgegen, traurig und niedergeschlagen. Irgendwann hörte der Junge auf zu weinen und beäugte sie erstaunt und neugierig.

Der Esel war langsam, aber sicher mit seinen Kräften am Ende und der Junge stieg ab, um es ihm leichter zu machen. So gingen sie nebeneinander her, Stunde um Stunde. Aber irgendwann war auch der Junge ziemlich erschöpft und hatte Blasen an den Füßen. Der Weg war mittlerweile nicht mehr wirklich ein Weg, sondern glich eher einem ausgetretenen Pfad. Überall ragten spitze Felsbrocken hervor, auch Pflanzen gab es nur noch vereinzelt. Was blieb, waren Steine und Geröll, was den Aufstieg nicht gerade einfacher machte.

Der Junge begann auf allen vieren zu gehen, so steil und gefährlich war der Weg geworden. Und dann passierte es.

Er hörte einen Schrei und sah, wie ein Mann vor ihm den Halt verlor und in die Tiefe stürzte.

Der Junge klammerte sich an den Esel, der einen festeren Stand hatte. Um ein Haar wäre er mit in den Abgrund gerissen worden und es wäre um ihn geschehen gewesen.

Aber einige andere, die nach ihm kamen, hatten nicht so viel

Glück. Sie wurden von dem Mann erfasst und schlugen hart auf dem Boden auf.

Das Herz des Jungen pochte wie wild und sein Atem ging schnell. Was sollte das für ein Weg sein, auf den sie der Blinde da geschickt hatte?

Nachdem er sich wieder etwas gefangen hatte, ging er weiter, Schritt für Schritt, ganz behutsam. Doch als er nach oben schaute, verließ ihn der Mut. Der Weg wurde immer noch steiler und ein Ende war nicht in Sicht. Über ihm und neben ihm gab es nichts als Felsen. Dazu war es stetig kälter geworden, je höher sie gekommen waren, und irgendwann hatte es zu schneien begonnen.

Sie erkannten mit Schrecken, dass alle, die vor ihnen waren, umkehren mussten. Er sah kräftige und durchtrainierte Athleten, die sich lange auf die Besteigung vorbereitet hatten und doch aufgeben mussten. Er sah Menschen, die vielen anderen siegessicher und mit großen Versprechungen vorangegangen waren und zu deren Bestürzung jetzt selber abbrechen mussten.

Nur ein einziger Mann war noch vor ihnen. Er war einfach stehen geblieben. Es war ein Bergsteiger mit fester Kleidung, Helm und Seilen. Mit letzter Kraft holten sie ihn ein. Sie waren durchnässt und froren fürchterlich.

Der Bergsteiger grüßte freundlich. »Was sucht ihr hier oben«, wollte er wissen, während er sich an einem Seil festhielt, das er mit einem Karabiner in einer Felsspalte fixiert hatte.

»Wir wollen über den Pass der guten Taten, um zu dem fantastischen Ort zu gelangen«, sagte der Junge.

Der Bergsteiger schüttelte mitfühlend den Kopf. »Viele versuchen ihr Glück am Pass der guten Taten. Aber kein normal Sterblicher hat ihn jemals überquert.

Der Weg hier wird immer noch steiler; am Schluss ist er fast senkrecht und das kilometerweit, wie eine einzige Felswand. Der Pass selbst ist über den Wolken, sozusagen im Himmel. Die Luft dort ist zu dünn, um zu atmen und zu kalt, um zu überleben. Jeder, der sich ihm nur nähert, müsste sterben.

Der Pass der guten Taten ist nicht dazu angelegt worden, das Gebirge zu überwinden und sich ein reines Herz zu erarbeiten. Er soll Menschen helfen, ihr Unvermögen und ihre Unreinheit zu erkennen und umzukehren.«

»Aber wir wollen zu dem fantastischen Ort und die ureigene Bestimmung finden«, rief der Junge verzweifelt. »Ist es nicht vielleicht doch möglich, weiterzugehen und das Gebirge der reinen Herzen zu überqueren? Wir wollen nicht zurück!«

»Nur wer umkehrt, kommt voran«, antwortete der Bergsteiger sanft. »Die Menschen irren sich, wenn sie meinen, dass Sackgassen grundsätzlich schlecht sind. Man weiß dann, welcher Weg nicht zum Ziel führt und kann umso zuversichtlicher einen anderen einschlagen.« Er klopfte dem Jungen aufmunternd auf die Schulter. Dann verabschiedete er sich und seilte sich gekonnt und mit großen Sprüngen ab, bald schon war er durch das dichte Schneetreiben nicht mehr zu erkennen.

Müde und abgeschlagen blieb der Junge zurück. Er war mit seiner Weisheit am Ende, was sollte er dazu noch sagen. Er sah, dass es unmöglich war, das Gebirge der reinen Herzen zu überwinden und ans Ziel zu kommen und dass auch noch so viele Anstrengungen und gute Taten daran nichts zu ändern vermochten.

Das war es also, das Ende seiner Reise und seiner Träume. Jetzt musste er zurück in sein Dorf. Alle Mühen und Strapazen waren umsonst gewesen. Aber hatte er sich nicht geschworen, dass er nie mehr zurückschauen würde, auch wenn es das Letzte wäre, was er tat? Nein, für ihn gab es kein Zurück, und wenn er hier eingehen würde!

Und während er da so saß, elend und traurig, seine Schwachheit und Armut begreifend, und sich vollkommen aufgab, wie er sich damals in der Wüste aufgegeben hatte, allein hoffend auf das Eingreifen von Himmel und Erde, da kam auf einmal ein riesiger Adler. Sein Flügelschlag wirbelte den Schnee auf und sie wichen erschrocken zurück. Aber da hatte das majestätische Tier sie schon mit seinen gewaltigen Klauen gepackt und war losgeflogen.

Kapitel 6

Immer höher stiegen sie nun hinauf. Nach kurzer Zeit wurde der Himmel klar und die Sonne brach durch. Ohne die Flügel zu bewegen, stieg der Adler weiter auf, immer der Sonne entgegen und sie umkreisend.

Der Junge hatte sich recht schnell wieder von dem ersten Schreck erholt und blickte jetzt nach unten. So etwas Wunderschönes hatte er noch nie gesehen. Und während er so da oben schwebte und die Erde aus der Vogelperspektive betrachtete und bestaunte, da sah er plötzlich die großen, kunstvoll gezogenen Linien, die auch auf der Karte eingezeichnet waren, und begriff, wie diese zu verstehen und auszulegen waren. Auf einmal hatte er einen ganz neuen Blick auf das Gebirge der reinen Herzen, den Pass der guten Taten und die Schlucht, die sich wie eine Schneise schnurgerade durch das Gebirge zog.

Er verstand, dass es nur aus dieser Perspektive und keiner anderen möglich war, die Karte richtig zu deuten. Genau hier, wo Himmel und Erde sich berührten, wurde sie fassbar und lebendig und scharf wie das Objektiv einer Linse, das bis dato immer zu nah am Zielobjekt und erst jetzt aus der richtigen Entfernung wirklich brauchbar und nicht mehr verschwommen war. Es ist wie mit den Sternbildern, dachte der Junge, nur wer der Bewegung der Erde entkommt, kann sie richtig deuten.

Er erkannte, dass somit selbst die klügsten und weisesten Gelehrten der Erde die Weisheit der Karte und ihre Wege nicht zu erfassen vermochten – sie waren einfach zu nah dran. Und dass diese Weisheit nur den wahrhaft Armen und in ihrer Schwachheit voll und ganz auf Himmel und Erde Vertrauenden offenbar wurde – durch die ihnen geschenkte Vogelperspektive und himmlische Beobachtungsgabe.

Da verstand er, dass er bis jetzt immer aus seiner irdischen Perspektive die Karte gedeutet hatte, ja, dass er genauso wie alle anderen dieser Bewegung ausgeliefert war und erst jetzt der Bewegung entkommen konnte, zumindest für diesen Moment.

Und da erkannte er, dass diese Karte nicht von der Erde kommen konnte, dafür war sie zu präzise, sondern von einem Ort weit entfernt, ein Ort, der nicht ihrer Bewegung unterworfen und demzufolge unveränderlich war.

Der Junge war glücklich.

Er und der Esel genossen noch für einen Moment den Ausblick, dann setzte der Adler auch schon zur Landung an.

Bewegt und mit frohen Herzen schauten sie ihm nach, wissend, dass sie ihm unglaublich viel zu verdanken hatten.

Als der Junge sich jedoch umschaute, traute er seinen Augen kaum. Sie waren wieder an der Weggabelung mit dem moosbewachsenen Felsen, dem Ausgangspunkt ihres Weges. Das bedeutete, sie waren überhaupt nicht weitergekommen, ganz im Gegenteil, sie waren umgekehrt und wieder am Anfang ihrer Besteigung angelangt.

Fassungslos und enttäuscht ließ sich der Junge ins Gras fallen.

Kapitel 7

Es dauerte einen Moment, bis der Junge sich von seinem Schreck erholt hatte. Doch dann dachte er an das, was er auf dem Flug des Adlers gesehen hatte, und verstand.

So sehr er nicht damit gerechnet hätte, wieder an dieser Stelle zu stehen, so klar sah er doch jetzt, dass es so hatte kommen müssen. Es war wichtig, am Pass der guten Taten zu scheitern. Dadurch konnte er jetzt umso zuversichtlicher den anderen Weg einschlagen, den durch das Tor der Geheimnisse des Himmels und der Erde, den einzigen Weg zu dem fantastischen Ort.

Also machten sie sich wieder auf zum Tor.

Der Blinde saß immer noch auf den Mauern. Als er den Jungen und den Esel kommen sah, fragte er. »Na, wart ihr am Pass der guten Taten?«

»Ja, das waren wir.«

»Und habt ihr jetzt den Schlüssel?«

»Ja, den haben wir«, bestätigte der Junge und überlegte kurz. Es gab keine Möglichkeit, aus eigener Kraft durch gute Taten und Entbehrungen auf die andere Seite des Gebirges und an sein Ziel zu gelangen, das hatte er schmerzlich erfahren müssen. Es gab nur diese künstlich angelegte Schneise, diesen einen Weg. Aber wer konnte ihn angelegt haben und für wen?

Da fiel es ihm wie Schuppen von den Augen und er sah es klar vor sich: Natürlich! Der Schäfer hatte diesen Weg angelegt, um seine verlorenen Schafe sicher nach Hause zu holen, und nur sie, die auf seine Stimme hörten und seinem Ruf folgten, konnten durch das Tor treten und das Gebirge der reinen Herzen überwinden.

Er zog den zerbrochenen Hirtenstab, das Symbol des Schäfers, seiner Liebe und Hingabe, vorsichtig aus der Tasche und steckte ihn in das Schloss. Und die schweren Scharniere flogen federleicht auf und gaben den Blick frei auf eine von Granatapfelbäumen gesäumte Schlucht. Ein blasser Dunst lag auf ihr, der die Sonne reflektierte und alles hell erstrahlen ließ.

Und während sie da so gebannt und den Tränen nahe standen, der Junge und der Esel, da erkannte er, dass er selbst das verlorene Schaf war, das der Schäfer gerettet und den Wölfen entrissen hatte. Er selbst war dieser Sohn, den der Vater gesucht und nach Hause gebracht hatte. Für ihn hatte der Schäfer sein Leben gelassen, selbstlos und aus freien Stücken.

Langsam und ehrfürchtig durchschritten sie das Tor der Geheimnisse des Himmels und der Erde. Sie traten durch die Tür, wohlwissend, dass sie damit den einzigen Zugang zu dem fantastischen Ort und der ureigenen Bestimmung gefunden hatten, oder besser, er sie gefunden hatte. Sie schritten durch das Tor als wahrhaft Sehende, ihre Blindheit erkennend, voller Freude und Dankbarkeit.

Da begann es auf einmal zu regnen. Es war ein warmer und sanfter Regen, wohltuend und erfrischend wie an einem heißen Sommertag. Der Regen wusch allen Schmutz und Dreck von ihren Kleidern, der sich im Laufe der Zeit an ihnen festgesetzt hatte, und machte sie vollkommen rein.

Erstaunt betrachtete der Junge sein braunes Shirt, das jetzt schneeweiß leuchtete. Er konnte sich nicht daran erinnern, dass es jemals weiß gewesen war. Doch plötzlich stand ihm die Begegnung mit dem Obstbauern und das Gespräch über den faulen Baum wieder lebhaft vor Augen. Er begriff, dass sein Herz wie dieser faule Baum war – unfähig gute Früchte zu tragen – und erst jetzt durch den Schäfer gereinigt und von aller Fäulnis befreit wurde. Erst jetzt war es fähig, das zu tun, wofür es bestimmt war.

Als er dankerfüllt nach oben blickte, sah er einen großen Regenbogen, der über der Schlucht stand und in dem sich die ganze Schönheit von Himmel und Erde spiegelte. Er war wie ein Versprechen, das ihm gegeben wurde. Das Versprechen, dass jetzt etwas Neues beginnen und das Alte Vergangenheit sein würde.

Bewegt stand er da, ergriffen von all dem Schönen, Guten und Reinen und Gewaltigen, das er sah und das da vor ihm lag.

Kapitel 8

Sie folgten der Schlucht, an dessen Seiten sich das Gebirge steil und imposant erhob. Der Junge fühlte sich wie neugeboren und lebendig wie selten zuvor. Das Klima hatte sich verändert, es war wärmer und schwüler geworden. Der Dunst, der anfänglich noch über der Schlucht hing, hatte sich verzogen und die Granatapfelbäume schimmerten jetzt im hellen Sonnenschein. Die Reisenden stärkten sich an ihren Früchten.

Da bemerkten sie einen großen Hirsch, der auf der Suche nach frischem Wasser war, und hier in der Schlucht fündig wurde.

Während sie ihn so betrachteten, wie er an den kleinen Wasserfällen, die vielerorts in die Schlucht hinab rannen, seinen Durst stillte, da trat auf einmal der Blinde aus dem Schatten des Jungen. Sie hatten überhaupt nicht bemerkt, dass er ihnen gefolgt war. »Ich werde euch begleiten«, sagte er. »Ihr braucht einen Lehrmeister und Beschützer.«

»Danke für dein Angebot, aber wir schaffen es auch alleine«, erwiderte der Junge freundlich. Nicht so sehr, weil er den Blinden loswerden wollte, sondern vielmehr, weil er ihm den langen Weg nicht zutraute.

»Ohne mich wirst du nirgends hinkommen«, erwiderte der Blinde bestimmt. »Ich habe dich zum Pass der guten Taten geführt, dich auf Adlers Flügeln getragen, dich die großen und kunstvollen Linien der Karte gelehrt und dir den Schlüssel der Geheimnisse offenbart. Auch in Zukunft werde ich dich leiten, tragen und begleiten. Ich werde dein Schatten sein, den du mal mehr, mal weniger wahrnimmst. Aber immer, wenn du Rat oder Hilfe brauchst, bin ich da.«

Der Junge war verblüfft. Das war ihm jetzt doch zu viel. Aber dass der Blinde für ihn ein Geschenk von Himmel und Erde war und er ohne ihn das Gebirge nicht hätte überwinden können, das konnte er nicht bestreiten.

Und so setzten sie frohen Mutes ihren Weg fort. Der Junge, der Esel und der Blinde. Wobei sich der Blinde, wie angekündigt, im Hintergrund hielt und von den beiden anderen fast nicht wahrgenommen wurde.

Dritter Teil

Kapitel 1

Es war schon hell, als sie erwachten. Sie hatten das Gebirge der reinen Herzen hinter sich gelassen und sich im Schatten der mächtigen Berge ein schönes Plätzchen zum Übernachten gesucht. Es war angenehm warm gewesen, obwohl die Sonne schon untergegangen war. Und so hatten sie darauf verzichtet, ein Feuer anzuzünden, und sich einfach nebeneinander ins weiche Gras gelegt.

Jetzt, am frühen Morgen, bestaunten sie das weite Tal, das malerisch vor ihnen lag. Keine einzige Wolke war zu sehen, der Himmel war klar und schön, die Sonne strahlte heller und war größer, als sie es von der anderen Seite des Gebirges gewohnt waren. Sie wärmte, ohne dabei unangenehm zu sein.

Ein eindrucksvoller Fluss schlängelte sich durch das Tal, der alles grünen und erblühen ließ. Glasklar war er und sehr fischreich, voller Leben. Viele Fischerboote waren zu sehen und an seinen Ufern grasten riesige Esel- und Kamelherden und wuchsen uralte Bäume. Die Bäume waren älter als alle, die der Junge bisher gesehen hatte, und doch trugen sie ausnahmslos Früchte, groß und schön, ganz wie die jungen Bäume, wenn deren fruchtbarste Zeit gerade erst angebrochen ist. Der Fluss strömte an manchen Stellen sanft dahin und ließ die unruhige Seele zur Ruhe kommen. An anderen Stellen war er reißend, stürmisch und tobend. Er veränderte ständig seinen Lauf und so hatte er mit der Zeit dieses ausgedehnte, fruchtbare Tal geschaffen. Der Fluss war die Lebensader der Menschen diesseits des Gebirges und sie richteten sich voll und ganz nach seinen Gezeiten. Ihr gesamter Rhythmus und Lebenswandel wurden von ihm bestimmt.

Die Reisenden folgten dem Fluss immer Richtung Süden. Der Junge ahnte, dass an seiner Quelle der fantastische Ort liegen musste, der Ort seiner Träume und Sehnsüchte.

Als es Mittag wurde, machten sie Rast. Da trat der Blinde aus dem Schatten des Jungen und reichte ihm einen Becher. »Geh zum Fluss und trink!«, sagte er.

Der Junge tauchte den Becher ins Wasser und nahm einen großen Schluck. Es war frisch und belebend und gab ihm neuen Mut. »Das ist das beste Wasser, das ich je getrunken habe!«, rief er anerkennend. Er war jetzt voller Tatendrang und begierig darauf, das Ziel zu erreichen.

»Dieses Wasser fließt ins große Meer im Osten und bringt der ganzen Erde Leben und ohne den Fluss gäbe es kein Leben zwischen Himmel und Erde«, erklärte der Blinde. »Es ist wie bei einer Prise Chili, die ausreicht, einem ganzen Topf Schärfe zu verleihen. Aber nur hier im Tal ist das Wasser unverdünnt und glasklar und rein. Nur hier schenkt es wahrhaftiges und ewiges Leben.«

Er machte eine kurze Pause und ließ den Jungen das Gehörte verarbeiten. Dann sagte er: »Trink jeden Tag von diesem Wasser, so wie du dir jeden Tag dein Ziel neu vor Augen hältst und unentwegt deine Karte studierst, so wirst du immer durstiger und hungriger werden. Du weißt ja, nur die Hungrigsten erreichen das Ziel.« Lächelnd fügte er hinzu: »Ich werde den Becher für dich aufbewahren.« Mit diesen Worten nahm er dem Jungen den Becher aus der Hand und verschwand wieder in seinem Schatten.

Kapitel 2

Sie brachen auf und hielten sich weiter am Fluss, der sich sanft durch grüne Wiesen und fruchtbare Felder wand. Viele Wildtiere tummelten sich hier, aßen und tranken und bauten sich Höhlen und Nester. Der Junge war erstaunt, wie zutraulich sie waren. Manche kamen sogar neugierig heran und ließen sich von ihm streicheln und füttern. Einem der Dachse hatten es besonders die Äpfel angetan, die der Junge noch von der Begegnung mit dem Obstbauern bei sich trug, und er aß genüsslich einen nach dem anderen, bevor er wieder in seinem Bau verschwand.

Während sie gerade wieder um eine der vielen Schleifen bogen, die der Fluss an dieser Stelle besaß, bemerkten sie ein kleines Mädchen, das fröhlich am Wegrand spielte. Als sie die Reisenden erblickte, hielt sie inne und musterte die Fremden neugierig.

»Wer seid ihr?«, fragte sie.

»Wir kommen von weit her, aus den Bergen am Rande der Welt, aus einem kleinen Dorf mit nur einer Straße«, antwortete der Junge freundlich. »Und wer bist du?«

»Ich bin deine Schwester«, sagte das Mädchen lächelnd.

Der Junge war verblüfft und sah fragend zum Esel hinüber, der anscheinend mehr verstand als er. »Du musst mich mit jemandem verwechseln«, gab er zurück, »ich habe zwei Schwestern, aber sie wohnen weit weg von hier.«

Das Mädchen schaute ihn immer noch lächelnd an: »Du bist dem Ruf des Schäfers gefolgt, wie eines seiner Schafe, und bist durch das Tor getreten. Somit gehörst du zu seiner Herde. Du hast dich retten lassen, wie der verlorene Sohn eines liebenden Vaters, somit gehörst du zur Familie. Auch ich bin dem Ruf des Schäfers gefolgt und habe mich retten lassen. Ich gehöre also zur selben Herde und Familie wie du. Jeder auf dieser Seite des Gebirges gehört zu der Herde des Schäfers, auch wenn manche aus den Bergen, andere aus den Steppen und wieder andere von den Küsten oder den fernen Inseln kommen. Sie alle haben ihre alte Heimat verlassen und sich der neuen Herde und Familie angeschlossen, die verbunden ist durch den Schäfer. Das ist das große Geheimnis von Himmel und Erde, dass wir durch ihn rein und in ihm eins sind. In ihm haben wir eine neue Identität und einen neuen Nachnamen. Deshalb bin ich deine wahre Schwester und sind die Menschen hier deine wahre Familie. Und du brauchst sie, wie sie dich brauchen. Du kannst dein Ziel nicht erreichen ohne dieses Verständnis und diese feste Überzeugung.«

Sie nahm ihn bei der Hand und zusammen gingen sie weiter, vorbei an grünen Auen und saftigen Wiesen. Der Junge hatte viele Fragen und das Mädchen hatte erstaunlich viele Antworten. Obwohl sie einiges jünger sein musste als er, schien sie doch viel älter und reifer als er zu sein. Ihm wurde klar, dass es daran liegen musste, dass sie schon länger hier war.

Sie sah seine Verwunderung über ihr Wissen. »Hier ist das wahre Alter wichtiger als das biologische Alter. Das wahre Alter beginnt mit dem Durchschreiten des Tores. Du bist so gesehen mein kleiner Bruder.« Sie lachte herzhaft.

Da wurde dem Jungen klar, dass sie ihn bis zu seinem Ziel begleiten und an der Hand nehmen würde, und sein Herz wurde mit Freude und Zuversicht erfüllt.

Kapitel 3

»Da!« Der Junge deutete auf die Karte. »Siehst du dieses Dorf? Es muss hier in der Nähe sein, etwas abseits des Flusses.«

Seit mehreren Tagen waren sie nun schon dem Flusslauf gefolgt und hatten sich dabei immer wieder an der Karte orientiert. So hatten sie das Dorf entdeckt, das etwas oberhalb des Tals liegen musste.

Der Junge war erpicht darauf, die Menschen in dieser neuen Welt kennenzulernen und so verließ er, allen Einwänden und Bedenken seiner Begleiter zum Trotz, den Fluss und das fruchtbare Tal und kletterte den Hang hinauf. Es gab anscheinend keinen Weg dorthin, zumindest sah er keinen.

So dauerte es eine ganze Weile, bis sie sich durch das Gestrüpp gekämpft hatten und oben ankamen. Von hier aus sahen sie, dass nicht weit hinter dem Hang die Wüste begann. Zwischen der Wüste und dem Tal wand sich ein schmaler Streifen Savanne. Es war karges Land, nicht vergleichbar mit den fruchtbaren Böden am Fluss. Aber hier lag das Dorf, das sie auf der Karte gesehen hatten.

Während sie sich durch das brusthohe Gras ihren Weg bahnten, hörten sie auf einmal ein lautes Brüllen.

Dem Jungen lief es kalt den Rücken hinunter. »Was war das?«, fragte er ängstlich.

»Löwen!«, flüsterte das Mädchen.

»Hier gibt es Löwen?«

»Viele Löwen! Die Savanne ist voll von ihnen. Ins Tal kommen sie eher selten, da sie dort schnell vertrieben und getötet werden. Aber hier oben können sie ziemlich unbehelligt um die Dörfer schleichen. Dabei reißen sie viel Vieh und greifen auch immer wieder Menschen an. Wir sollten uns also beeilen.« Sie begannen schneller zu laufen und dann zu rennen.

Als der Junge sich umdrehte, sah er zu seiner Bestürzung einen Löwen, wie er mit großen Sätzen auf sie zukam. Er war einiges schneller als sie und dem Jungen wurde klar, dass sie das Dorf nicht rechtzeitig erreichen würden.

Er rannte so schnell er konnte, Panik hatte ihn ergriffen.

Da passierte es.

Er stolperte über einen Stein, landete mit voller Wucht auf dem Boden.

Da war der Löwe auch schon über ihm. Sein Brüllen war ohrenbetäubend. Er beugte sich mit aufgerissenem Maul über den Jungen, bereit, ihn zu verschlingen.

Der Junge griff in Todesangst nach dem Erstbesten, was er in die Finger bekommen konnte, und hielt es schützend vor sein Gesicht.

Da zuckte der Löwe zusammen, brüllte noch einmal und ergriff dann hastig die Flucht.

Der Junge betrachtete den Gegenstand in seiner Hand, noch immer schlug sein Herz wie wild. Es war der zerbrochene Hirtenstab. Er musste ihn beim Sturz verloren und in der Hektik gegriffen haben.

Das Mädchen kam angerannt, verwundert und dankbar, dass der Löwe ihn verschont hatte und so überstürzt geflohen war. Da sah sie den Hirtenstab in der Hand des Jungen und verstand. »Das ist das Einzige, was die Löwen hier wirklich fürchten«, sagte sie. »Der Schäfer hat sie bekämpft und aus dem Tal vertrieben, damit seine Schafe sichere Weideplätze haben. Sie fliehen vor jedem, der sein Zeichen trägt und hochhält. Wir müssen vorsichtig sein, die Löwen können hier oben in der Savanne jederzeit auftauchen. Sie riechen förmlich, wenn jemand unaufmerksam ist. Nur wer nah am Fluss bleibt, hat nichts zu befürchten.«

Kapitel 4

Mit aufgeschürften Knien und brummendem Kopf erreichte der Junge das Dorf. Es war sehr staubig und trocken und fast jedes Haus hatte einen hohen Zaun um sein Grundstück gezogen. Einige Hunde kamen angerannt und knurrten sie bedrohlich an.

Der Junge erschrak. Hier war es so ganz anders, als er es sich vorgestellt hatte. Die Menschen waren mürrisch und ablehnend. Sie beachteten ihn kaum und jeder war nur mit sich selbst beschäftigt.

Ein finster dreinschauender und griesgrämiger Mann rempelte ihn an. »Pass doch auf!«, sagte er, »was willst du überhaupt in unserem Dorf?« Er musterte ihn argwöhnisch, »Du kommst von der anderen Seite des Gebirges, habe ich recht?« Ohne eine Antwort abzuwarten, sprach er weiter: »Kehr am besten um, auf dieser Seite ist es auch nicht besser als auf der anderen. Das Leben hier ist mühsam und anstrengend.«

Der Junge war sprachlos. Das hatte er auf dieser Seite des Gebirges nicht erwartet. »Aber …«, stammelte er, »ich bin doch auf der Suche nach dem fantastischen Ort.«

»So fantastisch ist der nicht. Ich war einige Male an seinen Mauern, dann blieb ich hier in der Nähe des Gebirges, um jederzeit wieder zurück zu können in meine alte Heimat.«

»Aber auf dieser Seite des Gebirges ist es doch wunderschön und ihr habt den fruchtbaren Fluss!«

»Den Fluss …!« Der Mann verdrehte verächtlich die Augen.

»Der Fluss ist uns zu unberechenbar. Dauernd verändert er seinen Lauf und man muss sich immer wieder neu auf ihn einlassen. Deshalb habe ich mit einigen Leuten hier oben ein neues Dorf gegründet, dadurch sind wir nicht mehr so abhängig von ihm. Unser Wasser schöpfen wir mittlerweile aus einem Brunnen, den wir mit unseren eigenen Händen gegraben haben.« So etwas wie Stolz leuchtete in seinen Augen auf.

»Aber habt ihr denn keine Angst vor den Löwen, die es hier oben gibt?«, wollte der Junge wissen.

»Löwen? Hier gibt es keine Löwen! Haben dir das die Bewohner des Tals erzählt?« Der Mann lachte verächtlich. »Ja, sie tun alles, damit andere nicht unserem Beispiel folgen und sich hier oben ansiedeln. Das sind Schauergeschichten, die sie schon ihren Kindern erzählen.«

Der Junge wurde etwas ärgerlich. »Aber ich wurde selbst von einem angegriffen!«

»Siehst du, du bist auch schon total beeinflusst von ihrem Gerede.« Kopfschüttelnd und vor sich hin schimpfend marschierte er weiter.

Sichtlich geschockt wandte sich der Junge dem Mädchen zu, das traurig danebenstand, ohne sich in das Gespräch einzumischen. »Ich bin davon ausgegangen, auf dieser Seite des Gebirges seien nur fröhliche Menschen mit reinen Herzen. Und was ist mit der neuen Identität?«

»Der Schäfer allein hat ein wahrhaft reines Herz, alle anderen sind hier, weil sie wie du von ihm gerettet wurden und seinem Ruf gefolgt sind. Ihr Herz wurde von ihm und durch seine Tat zwar gereinigt und ihnen wurde geoffenbart, was wahrhaft rein ist, aber manche haben es wieder vergessen und ihr Herz neu mit nichtigen und schlechten Gedanken verunreinigt, indem sie den Fluss und seine reinigende Wirkung verlassen und sich am Rande der Wüste angesiedelt haben. Sie gleichen einem Menschen, den es nach einem Schiffbruch auf eine einsame Insel verschlagen hat. Eines Tages findet er ein Ruderboot, das der Wind an seinen Strand gespült hat. Voller Freude setzt er sich hinein und rudert los, wissend, dass dieses Boot seine Rettung und seine Hoffnung ist. Nach vielen Tagen und schier endlosen Strapazen entdeckt er in der Ferne Land, er hat das Ziel fast erreicht. Voller Freude hört er auf zu rudern und schläft ein, in dem Bewusstsein, dass er so gut wie am Ziel ist. Aber während er schläft und sich ausruht, treiben ihn Wind und Wellen fort, und als er aufwacht, liegt er wieder an seinem Strand auf der einsamen Insel. Neben ihm die Überreste des Bootes, das an den Klippen zerschellt ist.

So ist es den Menschen in diesem Dorf ergangen. Sie haben zwar das Gebirge der reinen Herzen überquert, aber dann sind sie nachlässig und unvorsichtig geworden. Sie haben aufgehört, die Karte zu studieren, und sich am Fluss zu stärken und dadurch das Ziel aus den Augen verloren und es verfehlt.

Heute sind sie wieder da, wo sie ihre Reise begonnen haben, zumindest in ihren Herzen. Zwischen ihnen und den Menschen auf der anderen Seite des Gebirges gibt es keinen sichtbaren Unterschied mehr. Ja, manche von ihnen sind sogar hoffnungsloser, entmutigter und verbitterter als die Menschen dort.

Die meisten werden früher oder später zurückkehren in ihr Dorf mit nur einer Straße, langen Nächten und wenigen Sonnenstunden und wieder ihre alte Identität annehmen – falls sie nicht vorher von den Löwen erwischt werden. Die Herde haben sie schon verlassen, zumindest in ihren Herzen.«

Traurig durchquerten sie das Dorf der selbstzentrierten und verbitterten Menschen. Der Junge musste das Erlebte erst mal verarbeiten. Er nahm sich fest vor, von nun an immer nah am Fluss zu bleiben und nie mit Rudern aufzuhören, bis er das Ziel erreicht haben würde.

Wieder am Fluss angekommen, suchten sie sich ein ruhiges Plätzchen und schliefen direkt ein, so müde waren sie von den Strapazen. Doch der Junge hatte einen unruhigen Schlaf und das Dorf oberhalb des fruchtbaren Tals verfolgte ihn in seinen Träumen. Er erwachte, als es noch dunkel war, und ging runter zum Ufer, um nachzudenken und einen klaren Kopf zu bekommen.

Da reichte ihm der Blinde den Becher und er trank und alle Enttäuschung und Verwirrung verschwanden und er dachte an den fantastischen Ort und freute sich auf den gerade anbrechenden Tag. Als die anderen erwachten, war er schon fleißig dabei, die Karte zu studieren, und brannte darauf, endlich loszukommen.

Kapitel 5

Die Sonne stand schon hoch am Horizont, da erreichten sie ein kleines Städtchen. Malerisch lag es vor ihnen, mit hohen Kirchtürmen und anmutigen Gässchen. Es war direkt ans Wasser gebaut und viele Schiffe lagen in seinem Hafen vor Anker. Sie kamen von der großen Stadt, dem fantastischen Ort, stromaufwärts und hatten kostbare Waren geladen, mit denen sie regen Handel trieben. Kleine und große Kanäle durchzogen das Städtchen und nahezu jedes Haus hatte einen direkten Zugang zu einem dieser Kanäle, um jederzeit frisches und belebendes Wasser schöpfen zu können.

Die Reisenden durchstreiften das Städtchen und waren überwältigt von seinen liebenswürdigen und zuvorkommenden Einwohnern, die sie herzlich willkommen hießen und jeden von ihnen sofort wie einen der Ihren behandelten. Die Einwohner teilten gerne, was sie hatten, und auch nicht einer sagte von seinen Gütern, dass sie sein eigen seien. Einmütig bauten sie an ihrem Städtchen, Schulter an Schulter, wie ein Herz und eine Seele. Und keiner fragte nach Herkunft, Stand, Geschlecht oder Alter. Und alles, was sie taten, taten sie mit Hingabe und Leidenschaft und von ganzem Herzen. Was für ein Kontrast zu den Dorfbewohnern der Savanne, dachte der Junge. So hatte er sich die Menschen hinter dem Gebirge der reinen Herzen vorgestellt.

Während sie so durch die Straßen schlenderten und die Schönheit und Anmut und Geschäftigkeit bewunderten, hörten sie auf einmal dumpfe Schläge, die näherzukommen schienen. Die Stimmung veränderte sich zusehends. Frauen zogen ihre Kinder in die Hauseingänge und Männer hasteten durch die Straßen.

Der Junge lief einer Gruppe Soldaten hinterher, neugierig, was los war. Als er beim Hafen ankam, sah er es. Große Schiffe kamen von der Mündung des Flusses und feuerten ihre Breitseiten auf das Städtchen. Eines der Schiffe war nahe ans Ufer gekommen. Aus seinem Innern entlud sich eine Flut an finster dreinschauenden und schwer bewaffneten Kriegern. Sie machten alles nieder, was ihnen in die Quere kam. Um sich herum hörte er Schreie und Waffen, die aufeinandertrafen.

Da sah er eine kreischende Frau, verfolgt von einem Angreifer. Ohne lange zu überlegen eilte er ihr zu Hilfe und rammte ihn mit vollem Körpereinsatz, sodass dieser strauchelte und in einen Fischstand krachte, wobei die Fische hoch in die Luft flogen.

Als er sich gerade umdrehen wollte, um das Weite zu suchen, sah er im Augenwinkel etwas auf sich zukommen. Plötzlich wurde ihm schwarz vor Augen und er verlor das Bewusstsein.

Als er wieder zu sich kam und die Augen öffnete, es mussten Stunden vergangen sein, sah er in die besorgten Gesichter seiner Freunde. »Geht es dir besser?«, fragten sie.

Er fasste sich an den Kopf, sein Schädel brummte und er spürte, dass er eine große Beule hatte, die ziemlich schmerzte. »Geht schon«, sagte er, noch halb benommen. »Was ist passiert?«

»Es gab einen Piratenangriff!«, antwortete das Mädchen. »Du hast Glück, dass es dich nicht schlimmer erwischt hat.«

»Piraten? Hier im Tal?«

»Sie kommen von den einsamen Inseln und werden von der Schönheit des Flusses und dem Reichtum an seinen Ufern angezogen. Wenn sie kommen, plündern und stehlen sie und verbrennen alles, was sich die Einwohner aufgebaut haben.«

Der Junge drehte seinen Kopf. Erst jetzt nahm er wahr, dass es viele Verwundete gab, die, wie er, auf Tragen lagen und von Helfern versorgt wurden. Unter den Verwundeten erkannte er einen der Piraten, der beim Angriff schwer verletzt worden war und eine Binde um den Kopf trug. Einige Frauen kümmerten sich liebevoll um ihn. Sie wuschen seine Wunden, brachten ihm Essen und Trinken und betteten ihn auf feinste Laken. Dabei lächelten sie und sprachen ihm gut zu. Es schien fast, als gäbe es für sie nichts Schöneres, als ihm zu helfen.

Der Junge war irritiert. »Warum stecken sie ihn nicht ins Gefängnis oder bestrafen ihn? Er hasst sie doch alle und würde sie am liebsten vernichten!«

»Die meisten hier kommen ursprünglich von den einsamen Inseln«, erwiderte das Mädchen. »Bevor sie durch das Tor getreten sind, waren sie selbst Piraten und Räuber, wie jener. Deshalb können sie die Not der Piraten, ihre Gier nach schnellem Gewinn und die Eifersucht auf die Einwohner des Städtchens sehr gut nachempfinden. Der einzige Unterschied zwischen ihnen und den Piraten ist der, dass der Schäfer sie von all dem befreit und zu wahrem Reichtum gebracht hat. Sie kennen seinen Wunsch, dass auch die übrigen Bewohner der einsamen Inseln Teil seiner Herde werden. Deshalb tun sie alles dafür, dass auch diese durch das Tor gehen, auch wenn es für sie selbst oft eine große Überwindung ist, die sie nur mithilfe des Flusses und dank ihres starken Zusammenhalts bewältigen können.«

Das Mädchen fügte hinzu: »Gerade in solchen Momenten und durch solche selbstlosen Taten wird ihr gereinigtes Herz für die

Inselbewohner sichtbar und sie erkennen immer mehr den wahren Reichtum des Tals.«

Der Junge nickte. Doch insgeheim beunruhigte ihn die Erklärung des Mädchens. Das würde ja bedeuten, dass Anfeindungen und Feindesliebe fester Bestandteil dieser neuen Welt wären! Irgendwie hatte er sich das anders vorgestellt. Aber er war zu erschöpft, um noch mal nachzuhaken. Er versuchte sich aufzurichten. Sein Kopf brummte noch immer und seine Beine zitterten.

Da griffen ihm der Blinde und das Mädchen unter die Arme, sodass er gehen konnte. In einer Seitengasse setzten sie ihn auf den Esel. So zogen sie weiter und ließen das Städtchen mit seinen freundlichen, selbstlosen und zugleich so bedrängten Einwohnern hinter sich. Freude und Leiden liegen oft nah beieinander, dachte der Junge, genauso wie Stärke und Schwäche oder Hoffnung und Angst. Es gibt das eine nicht ohne das andere und wer das eine begehrt, erfährt auch das andere. Er schaute ein letztes Mal zurück und entschied dann, sich die Einstellung und das Verhalten der Einwohner zum Vorbild zu nehmen, auch wenn es ihm viel abverlangen würde. Aber ja, das war es, wo er hinkommen wollte.

Kapitel 6

Seit einigen Tagen waren sie nun schon wieder unterwegs. Der Weg hatte sich zu einer breiten Straße geweitet und viele Händler und Kaufleute kamen ihnen auf ihren Kamelen entgegen. Die Kamele trugen edle Stoffe und Güter. Sie zeugten vom Reichtum, der an der Quelle des Flusses zu finden war. Und als sie um die nächste Ecke bogen, da sahen sie ihn vor sich, majestätisch und atemberaubend, den fantastischen Ort. Er lag auf einer Anhöhe und glitzerte im hellen Sonnenlicht.

Ihre Herzen hüpften vor Freude bei dem Anblick, der sich ihnen bot. Endlich war das Ziel ihrer Sehnsüchte zum Greifen nahe. Nur noch ein kleines Stück, dann hatten sie es tatsächlich geschafft.

Doch da tauchte am Wegrand ein kleines Häuschen auf und der Blinde trat aus dem Schatten des Jungen und bedeutete ihnen, hier Rast zu machen. »Die Reise wird sehr beschwerlich werden«, sagte er, »wir müssen Kräfte tanken.«

Der Junge verstand nicht, was der Blinde meinte. Er fühlte sich stark und wäre am liebsten durchmarschiert. Aber im Laufe der Zeit hatte er gelernt, dass der Blinde viel weiter sehen konnte als er selbst. Also bogen sie ab und gingen zum Eingang der Hütte, der auf der dem Fluss zugewandten Seite des Hauses lag.

Dort saß ein Einsiedler auf einem Stuhl am Flussufer. Er hatte einen Hut mit einer breiten Krempe auf dem Kopf und hielt seine Angel ins Wasser. Gerade hatte es zu regnen begonnen.

»Hallo«, grüßte der Junge, »können wir hier eine Unterkunft finden?«

»Klar«, antwortete der Einsiedler, »aber setzt euch doch zuerst mal zu mir«. Mittlerweile hatte der Himmel richtig zugezogen und es regnete in Strömen, was den Einsiedler aber nicht zu stören schien.

»Sollen wir nicht lieber nach drinnen gehen?«, fragte der Junge, der etwas fror und so langsam ziemlich durchnässt war.

»Wozu?«, fragte der Einsiedler, während dicke Regentropfen seine Krempe hinab rannen, »es kann ja jederzeit wieder aufhören. Ich gehe nicht nach dem Wetter. Wer immer nur nach dem Wetter geht, fängt nichts, erntet nichts und kommt auf seiner Reise nicht voran.«

Und als hätten die Wolken auf seine Worte gewartet, verschwanden sie so schnell, wie sie gekommen waren, und die Sonne brach durch und brannte auf ihre Köpfe hinunter, sodass der Junge sich unter den nächsten Baum setzen musste, um die Hitze zu ertragen.

Der Einsiedler betrachtete aufmerksam seinen Schwimmer, der sanft im Fluss wippte. Dann sagte er, ohne aufzublicken: »Beim Angeln ist Wachsamkeit sehr wichtig. Manchmal zuckt der Schwimmer, ohne dass tatsächlich etwas angebissen hat, und manchmal bewegt er sich stundenlang nicht, nur um dann blitzschnell zu verschwinden und einen Fisch am Haken zu haben. Deshalb muss der Angler auf seinem Posten bleiben, wachsam und bereit sein, denn er kann nie wissen, wann die Zeit gekommen ist.«

Der Junge beobachtete den Schwimmer, der regungslos im Wasser lag.

»Auch Genügsamkeit ist beim Fischen sehr wichtig«, fuhr der Einsiedler fort. »Am einen Tag sitzt du endlos da, ohne etwas zu fangen, und am andern Tag beißt ein Fisch nach dem anderen an. Und doch ist der eine wie der andere Tag ein Geschenk von Himmel und Erde, um uns daran zu erfreuen und ihn zu genießen. Das ist, was uns bleibt bei all unserem Schuften und Anstrengen, dass wir uns am Leben freuen und unsere Zeit bewusst auskosten.«

»Aber was bringt dir die Freude, wenn du nichts fängst,« wandte der Junge ein. Er wurde so langsam etwas unruhig, da er ja eigentlich weiterkommen und endlich sein Ziel erreichen wollte und sowieso nicht verstand, warum sie ausgerechnet jetzt eine Rast einlegen sollten.

»Beim Angeln geht es nicht allein um die Ausbeute, sondern ebenso um Achtsamkeit, Entspannung und das Wahrnehmen jedes Details. Die Ausbeute liegt sowieso nicht in deiner Hand. Du kannst dir zwar einen guten Platz suchen, einen passenden Köder auswählen und an deiner Technik feilen. Aber alles andere ist Glück oder Zufall – so würden es zumindest die meisten nennen. Ich nenne es Gnade oder Segen oder Führung oder Prüfung, je nachdem. Deshalb ist auch Gelassenheit beim Angeln sehr wichtig.« Der Angler zupfte leicht an seiner Angel.

Auf einmal verschwand der Schwimmer, und die Rolle begann, sich summend abzuspulen. Der Einsiedler schlug die Angel an und die Rute bog sich bedenklich. Er begann zu kurbeln. Die Schnur flitzte nach links und nach rechts, doch der Einsiedler ließ sich davon nicht aus der Ruhe bringen. Unbeirrt und entschlossen zog er den sich windenden und kämpfenden Fisch an Land. Es war ein prächtiger Hecht, der ein gutes Abendessen abgeben würde. Der Einsiedler lächelte, während er den Fisch hochhielt.

»Auch Ausdauer ist beim Angeln sehr wichtig. Wer Ausdauer hat, kommt früher oder später auch an sein Ziel.«

Vom Angeln kann man viel über das Leben lernen, dachte der Junge anerkennend. Wachsamkeit, Genügsamkeit, Gelassenheit, Ausdauer, er wiederholte die vier Tugenden des Angelns, um sie sich besser einprägen zu können, wobei er mit seinen Gedanken schon halb bei dem Hecht und dem guten Abendessen war, das dieser abgeben würde.

Da trat der Blinde erneut aus seinem Schatten. »Wir müssen weiter«, sagte er und schüttelte dem Einsiedler so die Hand, als ob er ihn schon lange kennen würde.

»Was?« Der Junge war irritiert. »Wollten wir nicht hier Kräfte tanken?«

»Das haben wir gerade getan. Wir müssen jetzt los.«

Etwas widerwillig stand der Junge auf und wollte gerade ums Haus herum gehen, als der Blinde auf einen schmalen Pfad deutete. »Hier geht's lang.«

Der Junge folgte dem Pfad mit den Augen und sah, dass er zu einer Hängebrücke führte, die über den Fluss gespannt war. Das Gelände auf der anderen Seite war sehr unwegsam, karg und öde, ganz anders, als er es bisher hier am Fluss gewohnt war. Hohe Felsvorsprünge sorgten dafür, dass dort fast kein Licht hinfiel. Überall wuchsen Disteln und Dornen. Ein Weg war nicht zu erkennen, man musste ihn sich selbst durch das Gestrüpp bahnen.

»Aber dieser Weg führt ja in die Wildnis!«, rief der Junge. »Warum folgen wir nicht einfach der Straße? Sie führt uns doch auf direktem und schnellstem Wege zu dem fantastischen Ort!«

»Nur wer die Wildnis durchquert hat, kann den fantastischen Ort finden und nur wer sie immer wieder durchstreift, kann an dem fantastischen Ort und in seiner ureigenen Bestimmung bleiben.«

Der Junge seufzte. »Wie lange werden wir dafür brauchen?«

»Das hängt von dir ab. Aber sei unbesorgt, es wird nicht länger dauern, als du ertragen kannst. Nur, dass der Mensch das Maß seiner Kraft zumeist unterschätzt und auch nicht mit dem Beistand von Himmel und Erde rechnet.«

Der Junge schaute etwas ratlos den Einsiedler an.

Der zwinkerte ihm zu. »Denk dran, es ist wie beim Angeln!« Er öffnete das Maul des Fisches und zog eine goldene Münze heraus. »Hier, nimm«, sagte er, »die wirst du noch brauchen.« Dann setzte er den Fisch wieder ins Wasser und warf erneut die Angel aus.

Und so machte sich die Reisegesellschaft wieder auf den Weg. Der Junge, der Esel, das Mädchen und der Blinde. Wobei sich der Blinde wie üblich im Schatten des Jungen hielt.

Kapitel 7

Viele Tage waren vergangen, seitdem sie den Einsiedler verlassen hatten. Ihr Proviant war schnell aufgebraucht und so lebten sie von dem wenigen, was ihnen die Wildnis bot. Manchmal fanden sie einen Strauch, an dem einige Beeren hingen, dazu sammelten sie Pilze, die im Schatten der Felsen wuchsen, und Bärlauch, der in Felsspalten sprießte. Aber das reichte nicht und so wurden ihre täglichen Rationen immer kleiner und ihr Hunger immer größer. Obwohl sie sich noch nahe am Fluss befinden mussten, sahen sie ihn nicht mehr. Ja, es fühlte sich so an, als wären sie weit entfernt von ihm. Außerdem kamen sie nur sehr schleppend voran, zu dicht war das Dickicht und zu unübersichtlich das Gelände.

Dem Jungen schien es manchmal so, als liefen sie im Kreis und kämen überhaupt nicht voran. Mittlerweile waren seine Füße zerschunden und die Beine und Arme von den Dornen aufgerissen. Und wären ihm die Tugenden des Einsiedlers nicht vor Augen gestanden, er hätte womöglich schon aufgegeben. Aber seine Worte gaben ihm Mut und halfen ihm, ihre Situation neu zu bewerten, falsche Erwartungen abzulegen, sich trotz der widrigen Umstände am Leben zu erfreuen und geduldig weiterzugehen.

»Warum gibt es hier am Fluss eigentlich eine Wildnis?«, fragte der Junge das Mädchen.

»Die Wildnis macht Jungen zu Männern.« Sie zwinkerte ihm schelmisch zu. »Hier werden die Stolzen demütig und die Entschlossenen noch entschlossener. Hier zeigt sich, wie hungrig, schwach und arm man tatsächlich ist und ob man wirklich bereit ist für den fantastischen Ort und die ureigene Bestimmung. Deshalb gehört die Wildnis genauso zu dieser Seite des Gebirges wie der fantastische Ort.«

Der Junge nickte, ohne die Antwort voll und ganz verstanden zu haben. Aber er war zu erschöpft, um weiter zu fragen, und entschied sich, das Gehörte einfach zu akzeptieren. Manchmal war das das Klügste, was man machen konnte.

Nach einem anstrengenden Tag, ihre Füße schmerzten und ihre Mägen knurrten, machten sie Rast unter einem hohen Felsvorsprung. Um sich einen Überblick zu verschaffen, kletterte der Junge auf den Felsen. Oben angekommen, sah er unter sich, nur wenige Meter von ihrem Rastplatz entfernt, den Fluss. Es beruhigte ihn, dass sie immer noch so nah an ihm waren, auch wenn es sich nicht so anfühlte.

Als er sich umdrehte, sah er das Meer. Zu seinem Erstaunen war es ebenfalls ganz nah. Er erkannte, dass der Fluss an dieser Stelle einen großen Bogen machte, wodurch er sehr dicht an das große Meer im Osten herankam. In einer Bucht, nicht weit von ihm entfernt, ankerte gerade ein Schiff. Der Kapitän und einige Matrosen waren mit dem Beiboot an Land gegangen und hatten es sich im Schatten einiger Bäume gemütlich gemacht.

Als der Kapitän den Jungen sah, stand er auf und kam zu ihm, um ihn zu begrüßen. Freundlich schüttelte er ihm die Hand. Der Junge bestaunte das Schiff. Es war außerordentlich schön und sehr groß, größer als alle Schiffe, die er bis dahin gesehen hatte. Es musste viele kostbare Güter und Stoffe geladen haben.

»Sei herzlich gegrüßt Reisender, oder Schiffbrüchiger, oder was auch immer du bist«, sagte der Kapitän, »wo kommst du her?«

Der Junge war müde und hungrig, aber er wollte nicht unhöflich sein. Und so fing er an zu erzählen. Er erzählte von seinem Dorf und den Strapazen auf seiner Reise, von der Begegnung mit dem Schäfer, seiner Güte und Liebe, und von dem fantastischen Ort, den er erreichen wollte.

Der Kapitän sah den Jungen etwas skeptisch an. »Wenn dieser Schäfer wirklich so gut ist, warum rettet er dich dann nicht? Warum lässt er dich hier in der Wildnis hungern, wenn er doch angeblich jedem einzelnen verlorenen Schaf nachgeht? Verhält sich so ein guter Schäfer?«

Der Junge war etwas überrascht von der Frage. »Auf meiner Reise musste ich schon viele Strapazen ertragen. Ich kann nicht immer sagen, warum und wozu. Aber stets waren Himmel und Erde gnädig und gut zu mir. Ich wurde getragen, bewahrt, geführt und noch nie enttäuscht. Ich lebe nicht nur von Essen und Trinken, Schlafen und Ausruhen, Wohlstand und Besitz, sonst hätte ich gleich in meinem Dorf bleiben können. Nein, ich lebe von einem großen Versprechen, der Tat des Schäfers, die mehr über seine Güte und Liebe sagt als tausend Worte.«

Der Kapitän schmunzelte. »Meinetwegen, aber woher soll ich wissen, dass deine Geschichte tatsächlich wahr ist? Hast du einen Beweis dafür, dass du zu der Herde des Schäfers gehörst und nicht einer der Piraten von den einsamen Inseln bist? So siehst du zumindest aus. Wenn du diesem Schäfer wirklich so viel wert bist, dann stürze dich doch von dem Felsen, auf dem du stehst, hinab. Dein Schäfer wird doch sicherlich dafür Sorge tragen, dass dir kein Haar gekrümmt wird.«

Der Junge schaute nach unten. Die Worte des Kapitäns verunsicherten ihn und er war fast schon versucht, sich auf dieses Spielchen einzulassen. Aber dann kniff er die Augen zusammen. Was wollte der Kerl eigentlich von ihm? »Wachsamkeit ist sehr wichtig«, hatte der Einsiedler gesagt. Er spürte intuitiv, dass jetzt so ein Moment war, in dem er wachsam sein musste, sonst würde er am Schluss selber am Haken hängen.

»Nur wer sich aus seinem Dorf aufmacht, seinem Esel die Zügel überlässt und die Strapazen auf sich nimmt, wird den Schäfer und das Wunder seiner Tat sehen«, antwortete er ruhig und gefasst, »nur die Schwächsten, Ärmsten und Hungrigsten unter den Suchenden können Teil seiner Herde werden und den fantastischen Ort finden. Ich für meinen Teil habe genug gesehen und brauche keine weiteren Beweise, um zu wissen, wer ich bin. Auch habe ich nicht nötig, es dir oder sonst jemandem zu beweisen. Ich kenne meine Identität und meinen Wert. Der Schäfer hat ihn durch seine Tat schon längst und unwiderruflich festgelegt. Der ist arm dran, der andauernd neue Beweise braucht und vergisst, sich zu erinnern.

Der Mann lächelte beschwichtigend. »Gut, aber lass mich dir noch etwas zeigen.«

Und wie im Traum sah der Junge auf einmal die verschiedensten Bilder vor seinem inneren Auge vorbeiziehen. Er sah mächtige Wüstenstämme, große Heere und kampferprobte Generäle und überall, wo er hinkam, jubelten ihm die Menschen begeistert zu. Er kam auch auf die einsamen Inseln. Viele Schiffe lagen im Hafen vor Anker, bestückt mit Kanonen und kampferprobten Kriegern, die bis an die Zähne bewaffnet waren, bereit, die Welt zu unterwerfen. Auch hier wurde er überschwänglich empfangen. Die Menschen brachten Kränze und sangen Lieder ihm zu Ehren. Dann warfen sie sich vor ihm nieder und er verstand, dass sie ihn zu ihrem König und Anführer machen würden, würde er sie nur lassen.

»Und was sagst du?«, fragte der Kapitän lächelnd. »Nimmst du mein Angebot an? Dann werde ich dich an den fantastischen Ort und in deine ureigene Bestimmung führen. Ich werde dir Ruhm und Ansehen geben, wenn du dich nur meinem Kommando unterstellst.«

Der Junge war zuerst ganz perplex von all den Bildern und Eindrücken. Aber dann dachte er an den Bürgermeister und das Mädchen mit den schönen Augen und sein Blick verfinsterte sich. Scharf entgegnete er: »Hast du nicht zugehört?! Ich habe mich längst einem anderen Kommando unterstellt und bin unterwegs zu dem wahren fantastischen Ort, gegen den dein Ort nur eine erbärmliche Einöde ist. Also verschwinde, bevor ich mich vergesse!«

Ein Zorn überkam ihn, wie er ihn bis dahin noch nicht gekannt hatte. Er ging einher mit einer unbeschreiblichen Entschlossenheit und einem unumstößlichen Überzeugtsein von seiner Sache. Es handelte sich dabei nicht um diesen blanken Hass, der die Gedanken vernebelt und einen wie ein verwundetes Tier reagieren lässt. Vielmehr ging dieser Zorn mit einer Art von glasklarem Scharfblick einher, ein Blick, wie er ihn hatte, als er mit dem Adler über den Wolken schwebte und die großen Linien erkannte.

Jetzt sah er die falschen Absichten des Kapitäns deutlich vor sich, seine Hinterlist, seine Verführung und seine Bosheit. Durch diese unterschwelligen Infragestellungen waren schon viele Reisende eingeknickt und umgekehrt, das wurde ihm jetzt klar. Ist der Schäfer wirklich gut? Bin ich wirklich sein geliebtes Schaf? Wird er mich wirklich an den fantastischen Ort und in meine ureigene Bestimmung führen? Das waren Fragen, die gerade hier in der Wildnis auf fruchtbaren Boden fielen und viele zutiefst verunsichern mussten. Es war entscheidend, diesem Mann und seinen Einflüsterungen mit aller Vehemenz zu widerstehen, das erkannte er jetzt. Er hatte es hier mit dem größten Feind und gefährlichsten Widersacher aller Reisenden zu tun. In diesem Moment war der Junge dreimal so groß und stark wie sonst. Er hätte Bäume ausreißen und Riesen bezwingen können.

Als der Kapitän seine Größe und Stärke sah und merkte, dass der Junge sich seiner Sache noch viel sicherer war als zu Beginn und dass es nichts mehr zu sagen gab, da setzte er sich unverzüglich in sein Boot und befahl seinen Matrosen, so schnell sie konnten zum Schiff zurückzurudern. Dort angekommen, ließ er das Schiff zum Auslaufen klarmachen und die Segel hissen.

In diesem Moment erkannte der Junge, dass es gar kein Handelsschiff war, sondern ein Piratenschiff mit großen Totenköpfen auf den Segeln und einem schwarzen Wolf als Wappenzeichen, ganz so wie der Wolf, der ihn damals angegriffen hatte und von dem Schäfer getötet worden war. Langsam verschwand das Schiff Richtung Norden.

Da trat der Blinde aus dem Schatten des Jungen, zog seinen Becher hervor und reichte ihm Wasser, frisches kühles Wasser aus dem Fluss, und neue Kraft kam in ihn und er wurde erquickt und neu belebt.

Und als sich der Junge umdrehte, um wieder von dem Felsen hinunterzusteigen, da sah er zu seiner großen Überraschung, dass sich die Wildnis vollkommen verwandelt hatte. Wo gerade noch düstere Felswände, Dornen und Dickicht gewesen waren, befanden sich nun sanfte Hügel, saftige Wiesen und stattliche Bäume, an denen große, reife Früchte hingen.

»Wie kann das sein?!«, rief der Junge erstaunt aus.

Der Blinde lächelte. »Der Weise macht die Wildnis zu einem Ort des Segens und der Freude – für sich und andere. Wenn er zurückschaut, erkennt er, wie fruchtbar sie für sein Leben war, dass sie ihn stärker und widerstandsfähiger gemacht hat.«

Der Junge ließ seinen Blick erneut über die Wildnis gleiten. Er war froh, sie bald ganz hinter sich lassen zu können, und doch erkannte er jetzt, wie wichtig die Zeit hier für ihn war, nicht nur um den fantastischen Ort zu erreichen, sondern auch, um dort dauerhaft zu bleiben.

Und so stieg er wieder hinunter, nahm das Mädchen bei der Hand und gemeinsam setzten sie ihren Weg fort, fröhlich und dankbar und mit großen Erwartungen, die Früchte der Bäume genießend, während sie sich mühevoll ihren Weg durch die Wildnis bahnten.

Kapitel 8

Seit einigen Stunden folgten sie nun wieder dem Fluss, der sich stetig und unaufhaltsam dahin wälzte. Der Junge hatte eine Gruppe Delfine entdeckt, die nicht weit vom Ufer entfernt neben ihnen her schwammen, heiter und unbeschwert. Ihre rhythmischen und eleganten Bewegungen beeindruckten ihn. Sie strahlten eine Freiheit und Leichtigkeit aus, die, wie ihm schien, vielen Menschen fehlte. Wahrscheinlich lag es daran, dass der Fluss ihr natürlicher Lebensraum war und sie förmlich darin eintauchten.

»Sieh dir das an!«, rief das Mädchen auf einmal und riss ihn aus seinen Gedanken. Sie war einige Meter vor ihm gelaufen und schon fast um die nächste Biegung, als sie plötzlich wie angewurzelt stehen geblieben war.

Der Junge rannte zu ihr. »Was ist los?«

Da sah er es. Vor ihnen lag die große Stadt, der fantastische Ort, schillernd und schön und näher als jemals zuvor. Seine Augen begannen zu leuchten. Sie hatten es geschafft. Nur noch eine kurze Zeit, dann würden sie den Ort ihrer Sehnsucht betreten. Den Ort, für den sie alles aufgegeben hatten und der ihnen alles abverlangt hatte. Und doch hatte er ihnen mehr Hoffnung, Freude und Reichtum gebracht als alles, was sie hätten besitzen oder erwerben können. Sie sahen Karawanen, beladen mit den kostbarsten Schätzen, die diese Welt zu bieten hatte. Sie sahen große Schiffe, die flussaufwärts fuhren und die Stadt anschließend reicher verließen, als sie gekommen waren.

Die Stadt selbst war von einer mächtigen Stadtmauer mit Wehrgängen und hohen Türmen umgeben. Ihre Tore waren kunstvoll verziert und eisenbeschlagen. Das Tor nach Norden stach dem Jungen besonders ins Auge. Es war größer und schöner als die anderen Tore und er war sich sicher, dass er durch dieses Tor die Stadt betreten würde.

In der Mitte der Stadt war ein großer Hügel, der von einer weiteren Mauer umgeben war. Und auf dem Hügel, stattlich und weithin sichtbar, thronte eine majestätische Burg. Sie war aus reinem Gold und ihre herrlich verzierten Dächer glänzten in der Mittagssonne und reflektierten diese, sodass die Reisenden geblendet wurden und ihren Blick wieder auf den Weg richten mussten.

»Was sagt die Karte«, fragte das Mädchen.

»Wozu brauche ich noch die Karte, wir sind doch schon fast am Ziel. Außerdem habe ich dich und den Blinden und den Esel.«

»Das reicht nicht«, sagte das Mädchen. »Der Blinde setzt in seinen Ratschlägen die Karte voraus. Ich selbst habe mich schon manches Mal bei Entscheidungen und Ratschlägen getäuscht. Und der Esel hat einen guten Orientierungssinn, mehr aber auch nicht. Deshalb lass niemals nach, die Karte zu studieren, auch dann nicht, wenn wir am Ziel sind. Ab da ist es sogar fast noch wichtiger, die Karte zu studieren und zu kennen.«

Und so zog der Junge die Karte hervor, um auf den letzten Metern nicht noch irgendwo falsch abzubiegen oder irgendwas zu übersehen. Doch mit seinen Gedanken war er schon ganz bei dem fantastischen Ort und seiner ureigenen Bestimmung, sodass er die Karte nur knapp überflog und sich auch die Wege nicht genauer ansah.

Die Sonne neigte sich schon ihrem Untergang entgegen, da erreichten sie schließlich die Stadtmauer. Nach rechts ging es zu dem großen prächtigen Tor im Norden der Stadt, das sie schon aus der Ferne gesehen hatten und durch welches der Junge die Stadt betreten wollte.

Im Schatten der Stadtmauer saß, genau an der Stelle, an der sie die Mauer erreichten, ein Bettler und bat den Jungen um eine kleine Gabe. Doch dieser hatte nur noch Augen für den fantastischen Ort und seine ureigene Bestimmung, so lange hatte er auf diesen Moment gewartet, und so nahm er den Bettler und seine Bitte gar nicht wirklich wahr, sondern marschierte zielstrebig weiter und ließ den armen Mann achtlos links liegen.

Als sie an dem prächtigen Tor ankamen, sahen sie in goldenen Buchstaben eine Aufschrift darüber: »Tor der Selbstverwirklichung«. Der Junge war begeistert, das musste er sein, der Eingang zur Stadt.

Als er gerade eintreten wollte, versperrte ihm der Wächter aber den Weg. »Halt! Du kannst hier nicht durch!«

»Aber warum nicht?! Wir kommen von weit her, haben das Gebirge der reinen Herzen überwunden und die Wildnis durchquert.«

»Dann müsstest du ja wissen, dass das hier nicht der Eingang zu dem fantastischen Ort und deiner ureigenen Bestimmung ist«, antwortete der Wächter. »Du willst durch den ruhmreichen und ehrenvollen Eingang, aber der ist nicht für dich gedacht, sondern für den König. An dem tatsächlichen Eingang bist du vorbeigelaufen, ohne es zu merken, weil du dich zu sehr von dem Glanz und Schein dieses Eingangs hast blenden lassen. Der tatsächliche Eingang ist ziemlich schlicht und unscheinbar.«

Der Junge war irritiert. »Aber ich habe keinen anderen Eingang gesehen, das muss doch der richtige sein!«

»Das meinen immer alle. Aber den fantastischen Ort und die ureigene Bestimmung betritt man nicht durch das Tor der Selbstverwirklichung, sondern durch die Pforte der Selbstlosigkeit. Es geht nicht um Selbstverwirklichung, sondern um Selbstaufgabe und Hingabe, nicht um Ruhm, sondern um Demut, nicht um Großes, sondern um Geringes und Geringe. Deshalb bist du auch vorbeigelaufen, du hattest etwas anderes erwartet und so den tatsächlichen Eingang verpasst. So geht es übrigens den meisten Menschen. Sie suchen ständig nach dem Eingang in die Stadt und umrunden sie, nur um dann wieder ganz am Anfang zu stehen oder zu resignieren.«

»Und was soll ich jetzt machen?« Der Junge war etwas ratlos.

»Nur wer falsche Erwartungen ablegt, sich selbst aus dem Zentrum rückt und mit wachen Augen durchs Leben geht, kann den tatsächlichen Eingang finden.« Der Wächter machte eine Pause und musterte den Jungen von oben bis unten. »Aber sei dir darüber im Klaren, der Eintritt kann dich sehr viel kosten.« Mit diesen Worten bedeutete er ihnen, sich vom Tor zu entfernen.

Der Junge begriff, dass der Wächter sie nicht einlassen würde, egal, was er sagte. So kehrten sie also um und schlugen, da es schon spät war, ihr Lager an der Stadtmauer auf.

Der Junge war sichtlich enttäuscht. Das war nicht, was er erwartet hatte. Oft hatte er sich ausgemalt, wie er glorreich in die Stadt einziehen würde. Menschen würden Fahnen schwenken und die Posaunen würden geblasen werden und alle würden mit Bewunderung seine Leistungen und Strapazen auf der Reise anerkennen. Auch wenn diese Vorstellung eher seinen tiefsten Wünschen und weniger seinem rationalen Verstand entsprang, so hätte er doch zumindest erwartet, dass er liebevoll aufgenommen und herzlich willkommen geheißen würde und nicht, dass er noch für den Eintritt bezahlen müsste. Was hatte er übersehen?

Und so ging er, während es schon zu dämmern begann, noch einmal den Weg zurück und hielt Ausschau nach der Pforte, die er anscheinend übersehen hatte, aber er fand sie nicht.

Nach einer Weile kam er wieder an die Stelle, an der sie zuerst die Mauer erreicht hatten. Der Bettler saß immer noch zusammengekauert dort. Mittlerweile war es hier ruhig geworden. Kein Mensch war mehr zu sehen, es gab nur noch den Bettler und ihn.

Kapitel 9

Der Junge betrachtete den Bettler nun mit wachen Augen. Erst jetzt schockierte ihn, dass es auf dieser Seite des Gebirges jemanden wie diesen armen Bettler gab. Er war von Schmerzen gezeichnet und offensichtlich mit Leiden vertraut, ein Verachteter, von Menschen gemieden. Er trug zerschlissene Kleider und an seinen Füßen nichts als löchrige Socken, die von unwegsamen und mühevollen Wegen berichteten, und er hatte eine Holzschüssel vor sich stehen, in der einige Groschen lagen.

Als der Junge näherkam, sah der Bettler auf und bat ihn erneut um eine kleine Gabe. Der Junge zögerte. Er besaß eigentlich nichts außer der goldenen Münze, die ihm der Einsiedler gegeben hatte. Mit dieser wollte er aber am nächsten Tag den Eintritt bezahlen, sonst hätte er nichts mehr anzubieten und würde voraussichtlich nicht in die Stadt kommen. Der Wächter hatte ja gesagt, dass ihn der Eintritt sehr viel kosten könnte.

Als er jedoch den Bettler betrachtete, wie er da so am Wegrand saß, arm und hilfsbedürftig, da wurde er sehr traurig und ihm wurde klar, dass er die Stadt nicht betreten konnte, nicht betreten durfte, ohne diesem Mann geholfen zu haben. Und während er so überlegte und abwog, da wurde der Wunsch, ihm zu helfen, größer und größer, sodass er bald sogar größer war, als der Wunsch, in die Stadt zu kommen. Ja, all das, wovon er so lange geträumt hatte, der fantastische Ort mit all seinen Schätzen und Wundern, all das Große und Ruhmreiche verblasste auf einmal neben dem Verlangen, diesem Verachteten zu dienen, ganz so, wie der Schäfer ihm, dem verlorenen Schaf, gedient hatte und die Bewohner der Stadt dem verwundeten Piraten.

Auf einmal stand ihm die selbstlose Tat des Schäfers wieder lebhaft und in seiner ganzen Pracht vor Augen und er hörte ihn erneut die Worte sprechen: »Für dich sehen sie alle gleich aus, aber für mich ist jedes einzigartig und wert, mein Leben einzusetzen und hinzugeben.«

Erst jetzt begriff er wirklich, wie sehr er den Schäfer liebte und wie sehr sein Wert, seine Identität und sein ganzes Sein von ihm abhingen. Er hatte jetzt den leidenschaftlichen Wunsch, dem Schäfer zu gefallen und alles zu tun, um ihn glücklich zu machen. Und er verstand, dass es nichts gab, womit er den Schäfer in diesem Moment mehr erfreuen konnte, als damit, diesem Verachteten zu helfen.

Fest entschlossen zog er die Münze des Einsiedlers heraus und warf sie ohne Bedauern und mit fröhlichem Herzen in die Schale. Dann zog er seine Jacke aus und legte sie dem Bettler um die Schultern. Auch seine Schuhe zog er aus und reichte sie dem Bettler, ebenso seine Mütze.

»Vielen Dank!«, sagte der Bettler und sah ihn freudig an. Dann begann er zu lachen. »Jetzt bist du der Bettler und nicht mehr ich.«

Und tatsächlich sah der Junge ziemlich armselig aus, wie er da ohne Schuhe und leicht bekleidet stand. Aber er fühlte sich überraschenderweise blendend. Irgendwie hatte er zusammen mit seiner Kleidung eine große Last abgelegt, die auf seinen Schultern gelegen hatte. Es war die Last des Erfolgsdrucks und des sich Vergleichens, die man stets zu tragen hat, wenn man versucht, durch das Tor der Selbstverwirklichung zu dem fantastischen Ort und in seine ureigene Bestimmung zu gelangen. Jetzt fühlte er sich leicht wie eine Feder, bereit, an jeden Ort der Welt getragen zu werden.

Der Bettler sah die Erleichterung des Jungen und lächelte. »Weißt du, in Wahrheit sind wir alle nur Bettler und es gibt nicht einen Menschen, der kein Bettler wäre. Nur, dass sich viele dessen nicht bewusst sind. Sie nennen sich Könige oder Gelehrte oder Genies und vertrauen auf ihre vermeintlich eigenen Fertigkeiten und Fähigkeiten, sind aber in Wahrheit genauso abhängig von der Gnade und der Gunst und den Gaben eines Größeren, wie alle anderen auch. Diese Fehleinschätzung kann nur im Zusammenbruch oder in der Resignation enden.

Deshalb kann nur der das Ziel erreichen und wahren Reichtum erlangen, der erkennt, dass er ein armer Bettler ist und seine Schale immer wieder aufs Neue aufstellen muss, um Gaben und Gunst zu empfangen. Und nur wer die empfangenen Gaben weitergibt, kann sie bewahren. Sie werden einem nicht anvertraut, um sich selbst zu verwirklichen, sondern um sie weiterzugeben. Und nur wer seine Gaben weitergibt, vermehrt sie und erreicht den fantastischen Ort und seine ureigene Bestimmung.«

Mit diesen Worten stand der Bettler auf und trat einen Schritt zur Seite. »Weil du dich und deine Ziele zurückgestellt und deine Gabe mit fröhlichem Herzen an mich weitergegeben hast, werde ich dir die Gabe geben, die ich empfangen habe.«

Da erschien hinter dem Bettler wie aus dem Nichts eine Pforte und über ihr die Worte »Pforte der Selbstlosigkeit«.

Jetzt war dem Jungen klar, warum er an der Pforte vorbeigelaufen war. »Die Pforte zur ureigenen Bestimmung war ja verborgen«, rief er, »kein Wunder, dass ich sie übersehen habe!«

»Du hast sie nicht übersehen, weil sie verborgen war, sondern sie war verborgen, weil du sie übersehen hast«, entgegnete der Bettler. »In Wahrheit war sie dir näher, war sie naheliegender und offensichtlicher als das große Tor, sie lag genau an der Stelle, an der du die Mauer erreicht hast, und hat dich regelrecht angesprochen.« Er deutete grinsend auf sich selbst. »Aber erst als du deine falschen Erwartungen abgelegt und den Willen des Schäfers ins Zentrum gerückt hast und mit wachen Augen durchs Leben gegangen bist, konntest du den Eingang finden.«

Mit diesen Worten zeigte er auf die Pforte.

»Trete ein«, sagte er, »du stehst sowieso schon mit einem Bein drin und hast auch den Eintritt bereits bezahlt.« Er hielt die Münze des Einsiedlers in die Höhe.

Der Junge zögerte noch einen Moment, aber dann bückte er sich und trat durch die Pforte, arm und mittellos. Und als er sich hindurchgezwängt hatte und aufschaute, da kam auf einmal ein mächtiger Windstoß, der ihn ergriff und mitriss und hoch hinauf wirbelte, hinauf bis in die goldene Burg und in das Innerste der Burg.

Kapitel 10

Der Junge befand sich jetzt in einem gigantischen Thronsaal, viel größer, als es von außen den Anschein gehabt hatte. Als er nach oben schaute, bemerkte er, dass der Saal keine Decke hatte, sondern bis zu den Sternen reichte.

In der Mitte des Saals saß, bekleidet mit kostbaren Stoffen und einer mit Edelsteinen besetzten Krone auf dem Haupt, sein geliebter Schäfer. Zu seinen Füßen lag das Fell des schwarzen Wolfes, ausgebreitet wie ein großer Teppich. Sein Gesicht strahlte wie die Sonne und war die Sonne und in seiner rechten Hand hielt er einen großen goldenen Schlüssel, mit dem er jedes Schloss und jeden Riegel zu öffnen vermochte. Er saß auf einem gewaltigen Thron, gewaltig wie der Himmel, und seine Füße standen auf einem großen Hocker, wie auf den Weiten der Erde. Und unter dem Hocker entsprang, wild und unaufhaltsam und mit unbändiger Kraft, die Quelle des großen Flusses, der allen Lebewesen Leben spendete.

Alles in diesem Saal war auf den Schäfer ausgerichtet und es gab nichts, keinen Gegenstand und keine Sache, die nicht auf ihn und seine Schönheit und Größe hindeutete, nichts, was ihm nicht die Ehre gab und seine Ehre suchte.

Der Junge erstarrte, so überwältigt war er von dem Anblick, der sich ihm bot. Bisher hatte er den Schäfer nur als den sich aufopfernden und gestorbenen Retter gekannt, jetzt aber lernte er ihn als den auferstandenen und verherrlichten König kennen, als den

Lebendigen, und sah ihn mit eigenen Augen in seiner ganzen Pracht und Vielfalt.

»Eure Majestät …«, er war sich nicht sicher, wie er den König, der auch der Retter war, ansprechen sollte, »was hat das alles zu bedeuten?« Ein unbeschreibliches Glücksgefühl hatte ihn nun durchdrungen und ließ sein Herz hüpfen wie ein junges Fohlen, das zum ersten Mal auf die Koppel gelassen wurde. Er war jetzt voller Freude und hätte aus dem Stand zehn Gedichte und noch mehr Lieder zu Ehren des Schäfers schreiben und singen können, so erfüllt war er, so voller Leidenschaft und Energie und Tatendrang, beseelt von dem Verlangen, der ganzen Welt von der Macht und Herrlichkeit des Schäfers zu erzählen.

»Du hast den fantastischen Ort erreicht! Du bist am Ziel deiner Reise angelangt!«, antwortete der Schäfer und seine Stimme war lieblich wie der Gesang von Singvögeln und zugleich mächtig, wie das Brausen großer Wassermassen. »Du hast mich auf den Thron deines Herzens gesetzt und mich zum König deines Lebens gemacht, zum Zentrum und Mittelpunkt allen Seins. Du hast mir den Platz eingeräumt, der mir zusteht, und meinen Ruhm zu deinem Lebenszweck erklärt, zur Sehnsucht deines Herzens und zum Sinn deines Daseins. Damit hast du deine ureigene Bestimmung gefunden. Und deshalb habe ich dir meine Herrlichkeit offenbart und mich dir gezeigt, wie ich wirklich bin.«

»Bist du es wirklich, ich kann es noch fast nicht glauben!« Der Junge bekam auf einmal wieder Zweifel. Nicht, dass ihn der Umstand, den Schäfer lebend vor sich zu sehen, besonders überrascht hätte, irgendwie war ihm unbewusst schon lange klar gewesen, dass der Schäfer nicht tot geblieben sein konnte – auch wenn er die Bedeutung und die Konsequenz dessen erst jetzt wirklich realisierte –, aber es war schließlich noch nie vorgekommen, dass jemand von den Toten auferstanden war.

»Wenn ich nicht auferstanden wäre«, antwortete der Schäfer, »gäbe es keinen Fluss, kein fruchtbares Tal, und keinen fantastischen Ort, keine Hoffnung und kein Ziel, nur Savanne und Wüste und Löwen, viele Löwen. Dann hätten die Dorfbewohner recht, wenn sie dir empfehlen, umzukehren.« Er zog etwas aus seiner linken Tasche und reichte es dem Jungen. Es war die Steinschleuder, die der Junge dem Schäfer als Geschenk zurückgelassen hatte.

Als der Junge nun die Steinschleuder sah, war er überzeugt und glaubte, dass vor ihm wahrhaftig der auferstandene und verherrlichte Schäfer in seiner ganzen Pracht und Majestät stand. »Ich habe dich sehr vermisst!«, schluchzte er.

»Und ich habe dich vermisst!«, gab der Schäfer zurück.

Sie fielen sich in die Arme, wie Vater und Sohn, wie Freunde, die sich nach langer Zeit wiedergefunden hatten.

In diesem Moment spürte der Junge mit jeder Faser seines Körpers, dass er tatsächlich am Ziel seiner Suche angelangt war und das höchste Glück und vollkommene Leben gefunden hatte. Es gab nichts mehr, was er noch begehrte, nichts, was er noch erreichen musste. Jeder Durst und jeder Hunger waren gestillt, alle Bedürfnisse erfüllt. Es gab nur noch ihn, seinen Schäfer, und dessen Glück, dessen Wünsche, dessen Ehre.

Kapitel 11

Nachdem sie sich eine Weile in den Armen gelegen und auf die Schulter geklopft hatten, erhob sich der König und reichte dem Jungen den goldenen Schlüssel, den er in seiner rechten Hand hielt.

Der Junge betrachtete ihn ehrfürchtig.

»Wofür ist dieser Schlüssel?«

»Dieser Schlüssel wird dich dazu befähigen, deine Bestimmung zu leben und in die Tat umzusetzen«, antwortete der König. »Er passt in jedes Schloss! Alles, was du damit aufschließt, wird niemand mehr zuschließen können, und alles, was du damit verschließt, wird niemand mehr öffnen können. Selbst Himmel und Erde werden auf deine Befehle hören und dir dienstbar sein. Wenn du die Schleusen des Himmels verschließt, wird es nicht mehr regnen, und wenn du den Bergen gebietest, sich ins Meer zu stürzen, werden sie es tun. Flüsse werden sich auf dein Wort hin teilen und Hügel zur Ebene werden. Gefängnistore werden aufspringen und Herzenstüren sich auftun und wem du die Sünden vergibst, dem werden sie vergeben sein.

Deine Reise hat dich gelehrt, was du aufschließen und was lieber zuschließen solltest, denke immer daran und gebrauche den Schlüssel mit Bedacht und Umsicht. Er ist mein Siegel und meine Bevollmächtigung, die ich dem anvertraue, der mich und meine Ehre leidenschaftlich sucht.«

Der Junge hatte seine Augen die ganze Zeit über nicht von dem

Schlüssel abgewandt, so fasziniert war er von ihm. Aber jetzt, nachdem der König geendet hatte, hob er ihn triumphierend in die Höhe und rief, begierig darauf endlich loszulegen: »Alles klar, wo fange ich an?«

»Nicht so schnell«, antwortete der König. »Ich will dir zuerst etwas zeigen.« Er erhob sich und ging zu einem der Fenster, das den Blick nach Süden freigab. »Komm und sieh«, sagte er.

Der Junge sah einen stattlichen Baum, der seine Wurzeln zum Fluss hin ausstreckte. Er war größer und farbenfroher und kräftiger als alle Bäume, die der Junge bis dahin gesehen hatte.

»Du sollst sein wie dieser Baum, der nah am Wasser wächst und von dort seine Kraft empfängt. Wenn du meine Nähe beständig suchst, wirst du wachsen und blühen und wahrhaft leben. Deine Blätter werden niemals verwelken, auch wenn die Sonne erbarmungslos auf dich niederbrennt. Auch wenn lange kein Regen fällt, wirst du beständig Frucht tragen, hundertfach und tausendfach, bis in alle Ewigkeit.«

Dann ging der König weiter zu einem Fenster, das nach Westen zeigte.

Der Junge sah eine Quelle in der Wüste, aus der frisches, klares Wasser sprudelte. Dieses Wasser wurde zu einem Bach und überall, wo es hinfloss, blühte und grünte es und viele Menschen kamen, um davon zu trinken und ihren Durst zu stillen.

»Du sollst sein wie diese Quelle, die den Menschen Leben und Erquickung bringt«, sagte der König. »Überall, wo du hinkommst, sollen deine guten Taten und weisen Worte auf mich hindeuten und den Menschen wahrhaftiges Leben spenden.«

Dann wandte er sich um, ging zu einem der Fenster gen Osten und lud den Jungen erneut ein, ihm zu folgen.

Der Junge sah unter sich einen wunderschönen, farbenprächtigen Park und darin einen Gärtner, der diesen liebevoll und gewissenhaft pflegte.

»Du sollst sein wie dieser Gärtner, der das ihm Anvertraute nach bestem Wissen und Gewissen verwaltet. Der sät und begießt, neue Beete anlegt und alte Beete abreißt. Deiner Kreativität und deinem Ideenreichtum sind dabei keine Grenzen gesetzt. Achte nur darauf, dass du den Park in meinem Sinne anlegst und bestellst, mit Liebe und Sorgfalt und Weitsicht, damit ich, wenn ich komme, meine Freude daran habe.« Der König sah dem Jungen prüfend in die Augen. »Hast du das alles verstanden?«

Der Junge nickte. Der Baum, die Quelle und der Gärtner waren verschiedene Seiten seiner ureigenen Bestimmung, die alle im Rühmen des Königs und seiner Herrlichkeit ihre eigentliche Erfüllung fanden.

Der König lächelte. »Das Wichtigste hast du verstanden, die Details dieser Bilder werden dir immer klarer werden, umso besser du die Karte kennst und umso länger du hier bist. Aber jetzt komm, ich will dir noch etwas anderes zeigen.« Er nahm den Jungen an die Hand und gemeinsam gingen sie zu dem großen Fenster, das sich Richtung Norden öffnen ließ.

Kapitel 12

Unter sich sah der Junge die große Stadt mit ihren unzählbaren Straßen und ihrem geschäftigen Treiben, ihrem Reichtum und ihrer Farbenpracht. Dann sah er den Fluss und das schöne, fruchtbare Tal. In der Ferne erkannte er die einsamen Inseln. Er sah das Gebirge der reinen Herzen und ganz am Horizont, weit entfernt, wie in einem fernen Traum, erkannte er sein Dorf. Er konnte fast nicht glauben, dass er einmal dort gewesen war, so fremd war es ihm geworden, so einsam und trostlos und bemitleidenswert erschien es ihm jetzt. Was die Menschen doch verpassten, die sich nie aus ihren Dörfern mit nur einer Straße, langen stürmischen Nächten und wenigen Sonnenstunden aufmachten. Sie konnten ihrem Leben zwar irgendeinen Sinn geben, eine Familie gründen, sich ein schönes Haus bauen, vielleicht sogar Bürgermeister ihres Dorfes werden, aber sie würden nie über den Tellerrand schauen, nie die Schätze und den Reichtum und die Vielfalt dieser Welt entdecken. Sie würden denken, ihr Dorf sei die ganze weite Welt, und würden sie somit viel kleiner und farbloser machen, als sie tatsächlich war. Vor allem aber würden sie nie den fantastischen Ort, das höchste Glück und ihre ureigene Bestimmung finden. Nie würden sie Teil der Herde sein und die Liebe und Treue des Schäfers kennenlernen, sondern in ihren Sorgen und Fragen verharren.

Und während der Junge alles betrachtete, da sah er auf einmal die Welt, wie sie der Schäfer sah, durch seine Augen und aus seiner

Perspektive. Er sah lauter Schafe, wie sie sich in den Bergen am Rande der Welt verlaufen hatten und nicht mehr nach Hause fanden, ängstlich und verunsichert und auf der Suche nach dem Weg, bedrängt von Wölfen und Löwen.

Und als er so die Schafe beobachtete, wie sie herrenlos umherirrten, in seinem Herzen betrübt, da kam erneut und wie aus dem Nichts ein starker Windstoß. Der war wie ein gewaltiger Orkan, wie ein Tornado. Er riss den Jungen mit sich und schleuderte ihn hoch in die Luft und führte ihn fort, sehr weit fort. Fort bis an den Rand der Welt und bis an die Enden der Erde!

Und als sich der Wind endlich legte und der Junge sich voller Erwartung umsah, bereit für den großen Auftrag und die bedeutende Mission, da erkannte er zu seinem Erstaunen, dass er wieder am Anfang der Straße stand. Der Straße seines Dorfes, der einzigen Straße, die dieses Dorf hatte, dem Ausgangspunkt seiner Reise. Nichts schien sich verändert zu haben, und doch strahlte über ihm die Sonne, hell und warm, wie sie nur auf der anderen Seite des Gebirges strahlte.

Da trat der Blinde aus seinem Schatten und reichte ihm den Becher, und der Junge trank und große Leidenschaft durchflutete ihn, und er machte sich voller Tatendrang und Freude daran, in seiner ureigenen Bestimmung zu leben und zu bleiben, dem großen Auftrag und der bedeutenden Mission.

Epilog

Viele Jahre waren vergangen. Aus dem Jungen war ein alter Mann geworden. Er hatte seinem Dorf leidenschaftlich gedient und jedem, der ihn aufnahm, einen Esel dagelassen. Jeder Ort, den seine Füße betraten, wurde zu einer Oase in der Wüste und zu fruchtbarem Land, und wo er hinkam, da ging bald die Sonne auf und verdrängte die Wolken, die den Himmel in diesem Teil der Welt beherrschten, und den Nebel, der wie ein Schleier über seinem Dorf hing. Und manchmal, aber nur manchmal, ergriff ihn der Wind und trug ihn wieder an einen anderen Ort. Und auch dort ging bald die Sonne auf und verdrängte die Wolken und so kam die Sonne zur Herrschaft in diesem Teil der Welt und der Frühling brach an.

Inzwischen waren seine Schuhe abgelaufen und seine Wangen eingefallen. Aber seine Augen leuchteten wie einst, voller Freude und Zuversicht, sein Mund war voller Lob und Dankbarkeit, sein Ohr war für jeden offen und alles, was seine Hände vorfanden, ob klein oder groß, das tat er mit ganzer Kraft und Leidenschaft, Tag für Tag und Jahr um Jahr.

Die Menschen erzählten sich viele Geschichten über ihn. Sie behaupteten, dass, wenn er sprach, sich seine Worte in reißende Bäche verwandeln würden, die denjenigen, der ihnen zu nahe kam, mitreißen und zu einer fremden Stadt, weit hinter dem eigenen Verstehenshorizont, führen würden. Manche erzählten, sie hätten ihn gesehen, wie er auf einem Adler der Sonne entgegengeflogen sei, hoch oben am Himmel und sie umkreisend. Andere wollten ihn in Begleitung eines Blinden gesehen haben, der ihm Wasser reichte, das ihm übernatürliche Kräfte verliehe. Und wieder andere wussten ihn im Besitz einer Karte, die ihm jedes Mysterium zwischen Himmel und Erde offenbaren und ihn zu gewaltigen Schätzen führen könne. Darüber hinaus hielt sich das Gerücht hartnäckig, er sei im Besitz eines magischen Schlüssels, mit dem er durch jede Tür und selbst durch Wände gehen könne, und kein Weg sei ihm versperrt.

So unrecht hatten sie mit all dem nicht.

Viele glaubten seinen Worten und Taten und waren erpicht darauf, den fantastischen Ort mit ihren eigenen Augen zu sehen. Viele sahen in ihm aber auch einfach einen Spinner und Fantasten und belächelten ihn, manche hielten ihn sogar für eine Gefahr, weil sie die Wolken und die langen Nächte mehr liebten als die Sonne. Sie zählten ihn zu den Geringen und Bettlern und verachteten ihn und erkannten nicht, was sie empfangen hätten, hätten sie ihm nur ein wenig Aufmerksamkeit geschenkt.

Auf all seinen Wegen verließ der Alte den fantastischen Ort nicht und suchte in allem den Ruhm des Königs. Er wurde ein ansehnlicher Baum, der reichlich Früchte trug. Er wurde zu einer Quelle, die viele belebte. Er wurde ein Gärtner, der alles, was ihm anvertraut wurde, achtsam und liebevoll bestellte.

Und wenn der König vorbeikam, dann spazierten sie durch den Park und unterhielten sich wie alte Freunde, wie Vater und Sohn, und erzählten sich Geschichten und lachten zusammen. Und der König freute sich an den Fortschritten und Ideen des Alten und dieser freute sich, dass der König sich freute.

Manchmal durchstreifte er auch die Wildnis. Aber immer begleiteten ihn der Blinde und das Mädchen und der Esel, und gemeinsam machten sie die Wildnis zu einem Ort des Segens und der Freude – für sich und andere.

Ende

Impressum

Korrektorat, Buchsatz und Umschlagdesign: Renate Blaes
Druck: Amazon, KDP
Verlag: Edition Blaes, Am Steig 11, D-86938 Schondorf
www.editionblaes.de
ISBN: 978-3-949192-06-7

Printed in Poland
by Amazon Fulfillment
Poland Sp. z o.o., Wrocław

47929257R00068